谨以此书献给云南大学建校一百周年

《熊庆来画传》编委会

主 任 委 员：廖炼忠

副主任委员：李怀宇　雷文彬

委　　　员：林超民　李怀宇　雷文彬　张 杰　卫 魏　宋 诚
　　　　　　郭 静　王 洁　王 琦　李俊昌　李天婴　李 焱

Hsiung Ching-lai

熊慶來画傳

云南大学党史校史研究室　编

李俊昌　绘 ＼ 李天婴　撰 ＼ 李焱　译

云南大学出版社
YUNNAN UNIVERSITY PRESS

图书在版编目（CIP）数据

熊庆来画传：汉文、法文、英文 / 云南大学党史校史研究室编；李俊昌绘. -- 昆明：云南大学出版社，2023

ISBN 978-7-5482-4717-3

Ⅰ.①熊… Ⅱ.①云… ②李… Ⅲ.①熊庆来（1893-1969）- 传记 - 画册 Ⅳ.①K826.11-64

中国国家版本馆CIP数据核字(2023)第030627号

Hsiung Ching-lai
熊庆来画传
XIONGQINGLAI HUAZHUAN

云南大学党史校史研究室　编

李俊昌　绘 ＼ 李天婴　撰 ＼ 李　焱　译

策划编辑：陈　曦	版　次：2023年3月第1版
责任编辑：陈　曦	印　次：2023年3月第1次印刷
装帧设计：刘　雨	书　号：ISBN 978-7-5482-4717-3
出版发行：云南大学出版社	社　址：云南省昆明市一二一大街182号（云南大学东陆校区英华园内）
印　装：昆明理煋印务有限公司	邮　编：650091
开　本：889mm×1194mm　1/12	电　话：（0871）65031070　65033244
印　张：22	网　址：http://www.ynup.com
字　数：260千	E-mail：market@ynup.com
定　价：600.00元	

若发现本书有印装质量问题，请与印厂联系调换，联系电话：0871-64167045。

序

林超民

熊庆来是云南大学百年史上最具魅力的校长。

他具有正直刚毅的人格魅力！

他具有求实创新的学术魅力！

他具有善良宽厚的领导魅力！

熊庆来，治学有成；治校有方。是二十世纪杰出的数学大家，优秀的大学校长。

熊庆来，引领云南大学从中国西南边陲不起眼的大学，成为中国知名的现代大学，当他与清华大学校长梅贻琦一起代表中国教育界出席在巴黎召开的联合国教科文组织第四届大会，站在举世瞩目的世界教育大舞台上时，标志着他领导的云南大学走出国门、跻身天下、拥抱寰宇。

熊庆来执掌云南大学十二年，其卓越贡献，超迈前人，至今鲜有能与其比肩者。

熊庆来的魅力引无数学人敬仰崇拜。

不少学者作家著文写书赞颂熊庆来！

已有不少熊庆来的传记问世流行。

用图画展示熊庆来艰辛、勤奋、正直、刚毅、求实、创新、奉献一生的书，李天婴撰文、李俊昌绘画的《熊庆来画传》是第一本。

本书的文字编撰史实准确、文字精到、叙事生动。

本书的每一帧画形象真实、神形兼备、光彩耀眼。

本书将文稿翻译为英文法文。从英文看，译文准确可信、晓畅明白、简洁优雅。译者李焱身居法国，其法文翻译也当臻于信达雅之境。

《熊庆来画传》以社会历史大动荡为背景，围绕熊庆来跌宕起伏人生经历，不仅展现熊庆来的人生道路，更昭示熊庆来的精神世界。使读者在精练的文字叙述与精美的图画表现中认识熊庆来的奋斗进取、成就卓越的光辉一生，受到教育、得到启迪、感到激励。

为做好《熊庆来画传》俊昌、天婴伉俪反复研读熊庆来公子熊秉衡、熊秉群教授所著《父亲熊庆来》，以及有关熊庆来的传记文章。他们走访熊庆来的出生地弥勒息宰村，踏访熊庆来执教的清华大学，探访熊庆来任校长的云南大学档案馆，拜访熊庆来的子女亲属，寻访熊庆来的故旧好友。他们以科学家认真求实的审慎方法、一丝不苟的严谨态度，对熊庆来的生命脉络和心路历程做了认真的梳理，从宏观的大历史事件中描绘熊庆来作为数学大师与教育大家的起伏跌宕的壮丽人生。

李俊昌教授从筹划用绘画描述熊庆来的风雨人生开始，耗费了将近八年的时间，虚心征求各方面的意见，数易其稿，精益求精，孜孜矻矻潜心研究、认认真真专心绘制、反反复复精心打磨，终于在云南大学百年校庆之际，奉献给云南大学，奉献给云南人民，奉献给中华民族，奉献给世界科学界，奉献给人类精神宝库。这是一本用心编绘的画传，也是一本用情书写的长诗，更是一本用神谱就的赞歌！

1962年9月，俊昌和我一起跨进云南大学。这年国家大幅度压缩招生人数，实行严格的"宁缺毋滥"的原则，这一年考入大学的学子，被社会誉为"真秀才"。

1963年4月20日，我们参加了简朴而隆重的云南大学建校四十周年的庆典，参观了纪念云南大学建校四十周年的校史展览。从此，我们记住了熊庆来校长。熊庆来校长成为我们敬仰崇拜的泰山北斗，成为我们奋发学习的楷模榜样，六十年来，熊校长活在我们心中，我们一直奋进在熊庆来校长和他的同代人筚路蓝缕、披荆斩棘、奋勇开拓的事业中。

俊昌教授是云南大学物理系的优秀毕业生。曾到解放军农场接受再教育，后到云南无线电厂任技术员；又到云南电子管厂任助理工程师；1980年调入昆明理工大学任教。

他完成国家及省自然科学基金项目十二个，获得云南省政府自然科学二等奖一次及科技进步奖三等奖两次，著有《激光热处理优化控制研究》《激光的衍射及热作用计算》《衍射计算及数字全息》。他在法国巴黎和英国伦敦先后出版法文及英文版的《数字全息》一书，与熊庆来之子熊秉衡合作出版《信息光学理论与计算》《信息光学教程》两本近代光学教材。他是国务院优秀专家津贴获得者，荣膺云南省优秀工作者、全国优秀教师的称号。2021年，俊昌教授带领的研究团队的《傍轴光学系统的相干光成像计算》在《激光与光电子学进展》上发表，并被选为当期的封面文章。这项成果改写了50年来国内外一成不变的相干光成像近似理论，并将写入国内外光学教科书。该研究成果同时入围当年"中国十大光学进展"评选。俊昌教授是当今中国光学领域杰出的科学家。

在科学研究与教学工作之余，俊昌从事绘画与书法创作，同样取得令人赞叹的卓越成就，他被云南省文史研究馆、云南书画院聘请为研究员，其书画作品多次参加省市大展，获得好评赞赏。他用行楷书写的中国古典名著四书之一的《大学》，全文1700余字，精彩动人，一时洛阳纸贵！他创作的昆明古城风貌系列作品，再现昆明古城老街场景，展现昆明市井风俗情调，保存昆明的历史记忆，传承云南的历史文化，是近年来云南历史画卷难得的硕果、珍贵的精品。

一个人在一个学科领域做出非凡成就已经相当不容易了，俊昌教授不仅在激光等自然科学、工程技术领域做出杰出贡献，而且在人文学科、绘画、书法方面做出光彩夺目的卓越成就，实在令人赞叹、令人艳羡、令人敬佩！

经过百年奋斗、一届又一届校长、一辈又一辈教师、一代又一代员工、一波又一波学子将云南大学建设成二十一世纪中国百所名校，即"211"大学；正在建设跻身世界大学前列的"双一流大学"。

俊昌教授的夫人天婴是1965年进入云南大学物理系的学生，他俩和女儿李焱一起编绘的中英法三种文字的《熊庆来画传》是献给云南大学百年校庆的珍贵礼品，这不仅是一本画册，更是凝聚云南大学精神、展现云南大学风骨的"学魂"！

南盘江潺潺的流水，两岸肥沃的土壤，养育了云南省弥勒县（2013年改为县级市）如同珍珠般沿江撒落的一个个村庄。这些村庄中有一个只有几十户人家的汉、傣二族杂居的名叫息宰的小山村。19世纪末，在这个平静而美丽的小山村里，诞生了一位中国近代启蒙教育时期的数学家及教育家——熊庆来。

Les eaux de Nanpanjiang et son sol fertile faisaient vivre de nombreux villages aux alentours, dispersés comme des perles le long de la rivière dans le comté de Mile, dans le Yunnan. Parmi ces villages, il y en avait un de seulement quelques dizaines de familles. Dans ce petit village de montagne tranquille, à la fin du XIXe siècle, Hsiung Ching-lai est né.

The waters of Nanpanjiang and its fertile soil supported many surrounding villages, scattered like pearls along the river in Mile County, Yunnan. Among these villages, there was one of only a few dozen families. In this small, quiet mountain village, at the end of the 19th century, Hsiung Ching-lai was born.

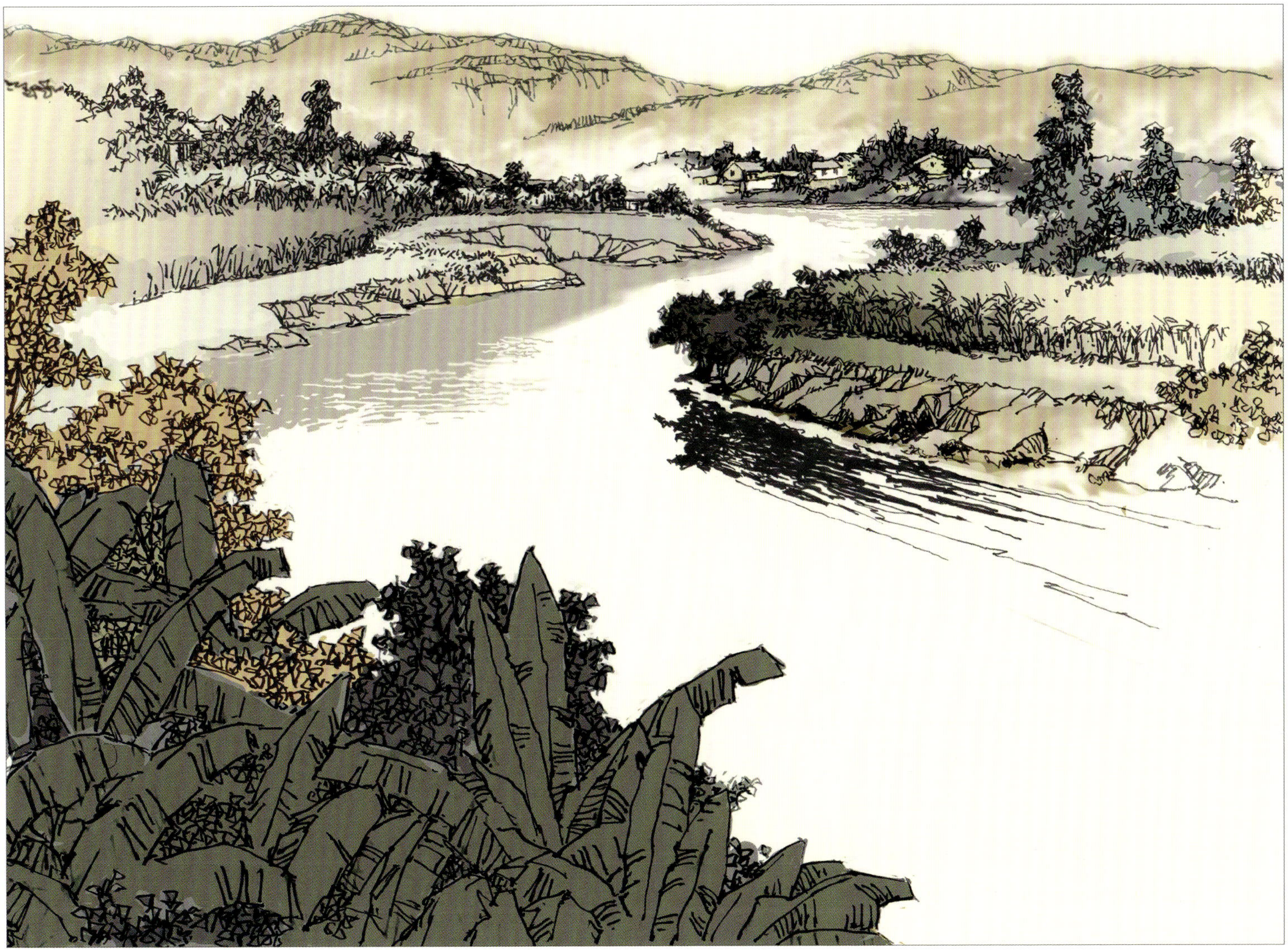

熊庆来出生于 1893 年 10 月 20 日（清光绪十九年九月十一日）。父亲熊国栋，母亲孔氏是孔子的第七十代孙孔广文的女儿。熊氏的祖先是江西省金溪县人，明洪武十四年（1381 年），随沐国公（沐英）由赣入滇。清初（1650 年左右）熊家迁到弥勒县玉屏山下，从此在这块土地上生生不息，繁衍绵延，云南成了他们的第二故乡。

Hsiung Ching-lai est né le 20 octobre 1893 (Dynastie Qing–Guangxu l'an 19, le 11 septembre sur le calendrier lunaire). Son père s'appelle Hsiung Guodong et sa mère est la fille de Kong Guangwen, qui est la 70e génération de Confucius. La mère de Hsiung Ching-lai avait donné naissance à quatre fils et une fille. Hsiung Ching-lai était le fils aîné. Les ancêtres de Hsiung étaient originaires du comté de Jinxi, de la province de Jiangxi. Dans la 14ème année de la Dynastie Ming Hongwu (1381 après JC), avec Mu Guogong (Mu Ying), ils arrivèrent dans la province de Yunnan. Au début de la dynastie Qing (vers 1650 après JC), la famille Hsiung s'installa aux pieds de la montagne Yuping. Yunnan devint la ville d'adoption pour la famille.

Hsiung Ching-lai was born on October 20, 1893 (Qing Dynasty - Guangxu Year 19, September 11 on the lunar calendar). His father's name is Hsiung Guodong and his mother is the daughter of Kong Guangwen, who is the 70th generation of Confucius. Hsiung's ancestors were from Jinxi County, Jiangxi Province. In the 14th year of the Ming Hongwu Dynasty (1381 AD), together with Mu Guogong (Mu Ying), they arrived in Yunnan Province. At the beginning of the Qing Dynasty (circa 1650 AD), the Hsiung family settled at the foot of Yuping Mountain. Yunnan became the adopted city for the family.

007

熊国栋作为乡里名儒，曾担任过云南凤仪县（现为大理市的一个镇）以及巧家县的儒学训导（清末县级教育机构的负责人），对子女的教育十分重视。熊庆来14岁时，熊国栋毅然决定将儿子送到省城昆明去独立地学习和生活；这一决定，为造就熊庆来不平凡的一生迈出了坚实的一步。然而，时代决定了熊庆来的青少年时期是在清王朝逐步走向灭亡的动乱中度过的。

En tant que confucéen bien connu dans le canton, Hsiung Guodong avait été instructeur confucéen dans le comté de Fengyi (maintenant un arrondissement de la ville de Dali) et le comté de Qiaojia dans le Yunnan, et il attachait une grande importance à l'éducation de ses enfants. A 14 ans, son père décida de l'envoyer à Kunming, la capitale de la province, pour y étudier et vivre de manière indépendante. Cette démarche fut décisive pour la vie extraordinaire de Hsiung Ching-lai. Cependant, la jeunesse de Hsiung Ching-lai était passée dans la période agitée de la fin de la monarchie chinoise.

As a well-known Confucian in the county, Hsiung Guodong had served as a Confucian instructor in Fengyi County (now a district of Dali City) and Qiaojia County in Yunnan, and he attached great importance to education of his children. At 14, his father decided to send him to Kunming, the provincial capital, to study and live independently. This step was decisive for the extraordinary life of Hsiung Ching-lai. However, Hsiung Ching-lai's youth had passed into the turbulent period of the end of the Chinese monarchy.

009

19世纪到20世纪初,是清王朝逐步没落并走向灭亡的时期。两次鸦片战争失败后,大清帝国割地赔款,日渐衰败,中国逐渐沦为半封建半殖民地社会;尤其是英法联军陈兵京师,皇家园林圆明园被焚毁……让中国有识之士深深感到不能再妄自尊大、闭关自守,萌发了探索新知,寻求强国御侮之道的新思潮。清政府也曾经为此开展过向西方学习先进的工业生产及军事科学技术的"洋务运动"。

Du 19ème siècle au début du 20ème siècle, c'est la période où la dynastie Qing déclina progressivement, puis tomba en ruine. L'échec des deux guerres de l'opium et le pillage du Jardin Royal Yuanmingyuan par l'armée d'invasion, permirent aux chinois de réaliser qu'ils ne pouvaient plus rester s'enfermer dans la gloire du passé. Le gouvernement Qing tenta de mettre en place un "Mouvement occidental " pour apprendre la production industrielle ainsi que la science et les technologies militaires de pays étrangers.

From the 19th century to the beginning of the 20th century, this is the period when the Qing dynasty gradually declined and then fell into ruin. The failure of the two opium wars and the looting of the Royal Yuanmingyuan Garden by the invading army, allowed the Chinese to realize that they could no longer remain locked in the glory of the past. The Qing government attempted to set up a "Western Movement" to learn industrial production and military science and technology from foreign countries.

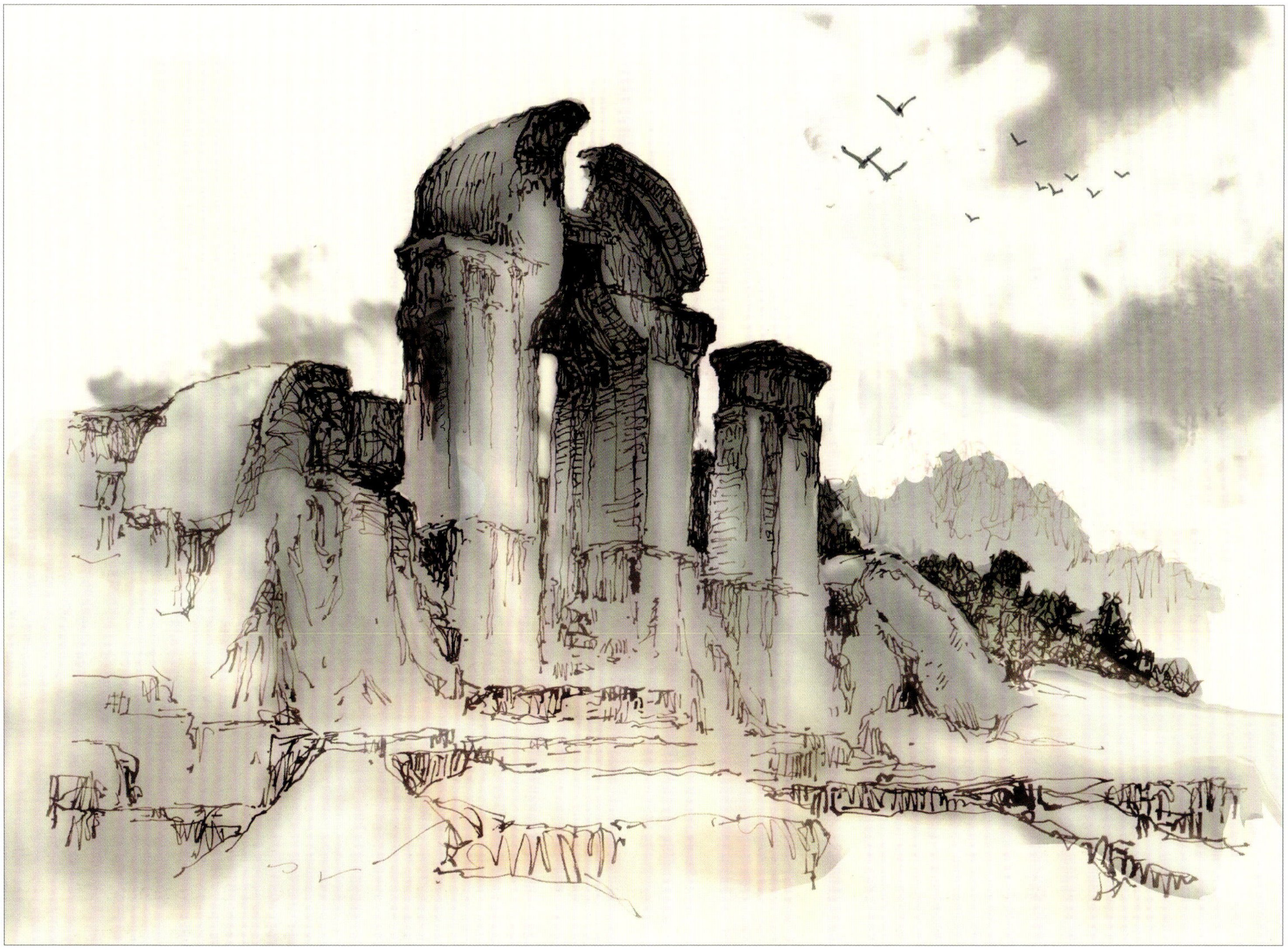

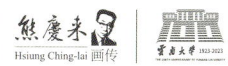

"洋务运动"的基本思想是"师夷制夷",即学习西方先进的科学技术用以抵抗西方的侵略。清政府曾以"自强"为名,引进西方军事及民用技术,发展军事工业及围绕军事工业创办民用工业;并建立起以北洋舰队为代表、以新式武器装备起来的陆、海军。

L'idée de base du "Mouvement occidental" était de d'apprendre à utiliser les technologies occidentales pour se protéger contre l'évasion occidentale. Le gouvernement de Qing introduisit les technologies militaires et civiles occidentales, et établit une marine avec de nouveaux équipements représentés par la flotte Beiyang.

The basic idea of the "Western Movement" was to learn how to use Western technologies to protect against Western escape. The Qing government introduced western military and civilian technologies, and established a navy with new equipment represented by the Beiyang fleet.

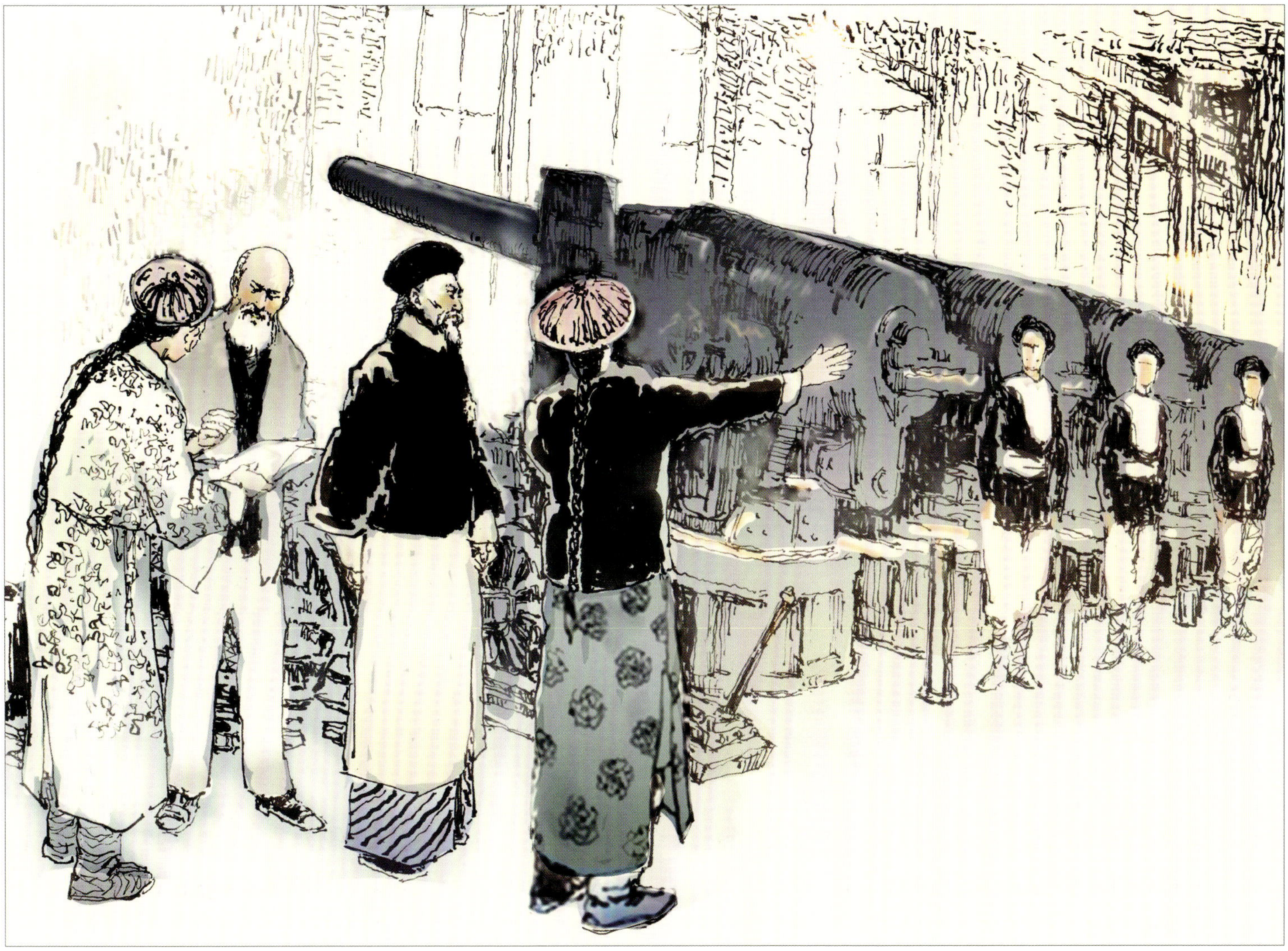

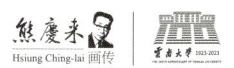

然而，"洋务运动"终究不能挽救腐朽的清王朝走向灭亡的命运。在1894年开始的中日甲午战争中，北洋舰队全军覆没。一年后清政府与日本签订了割地赔款、丧权辱国的《马关条约》，主要内容为割让辽东半岛（后以白银三千万两赎回）、台湾和澎湖列岛，开放沙市、重庆、苏州、杭州等地为商埠，还要向日本"赔偿"白银二亿两。

Cependant, le "Mouvement occidental" ne put sauver le destin de la dynastie Qing. La guerre sino-japonaise, commença en 1894, et détruisit complètement la flotte Beiyang. La guerre prit fin au bout d'an par la signature du Traité de Shimonoseki, qui fut un traité extrêmement désavantageux pour la Chine. Le contenu principal du Traité etait de céder la péninsule de Liaodong (plus tard rachetée avec 30 millions de taels d'argent), Taiwan et les îles Penghu, d'ouvrir Shashi, Chongqing, Suzhou, Hangzhou et d'autres lieux en tant que ports commerciaux, et de "compenser" 200 millions de taels de l'argent au Japon.

However, the "Western Movement" could not save the fate of the Qing Dynasty. The Sino-Japanese War began in 1894, and completely destroyed the Beiyang fleet. The war ended with the signing of the "Treaty of Shimonoseki", which was an extremely disadvantageous treaty for China. The main contents of the Treaty were to cede the Liaodong Peninsula (later repurchased with 30 million taels of silver), Taiwan and the Penghu Islands, to open up Shashi, Chongqing, Suzhou, Hangzhou and other places as commercial ports, and to "compensate" 200 million taels of silver to Japan.

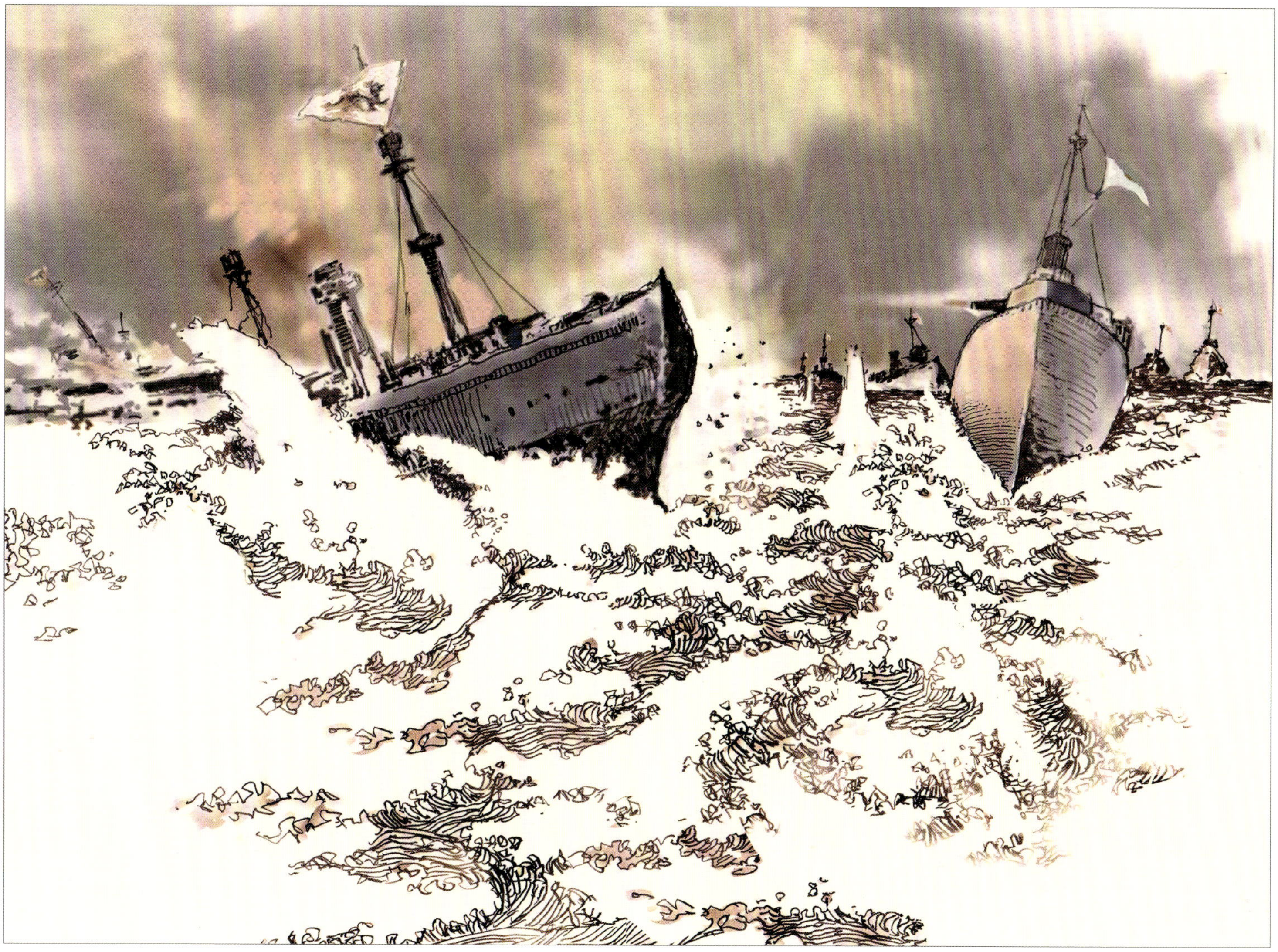

1900年8月,英国、美国、德国、法国、俄国、日本、意大利、奥匈帝国的八国联军占领北京城,慈禧太后挟持光绪皇帝逃往西安。1901年9月,清政府派李鸿章等人和帝国主义列强签订了任人宰割、丧权辱国的《辛丑条约》。

En août 1900, les forces alliées des huit puissances occidentales occupèrent Beijing et l'impératrice douairière Cixi se réfugia à Xi'an. En septembre 1901, Li Hongzhang et d'autres de l'impérialisme signèrent le "Traité de Xin Chou" qui fut encore plus pénalisant pour le pays.

In August 1900, the allied forces of the Eight Western Powers occupied Beijing and Empress Dowager Cixi fled to Xi'an. In September 1901, Li Hongzhang and others from imperialism signed the "Treaty of Xin Chou" which was even more penalizing for the country.

017

《辛丑条约》共 12 款，除了丧失多项国家主权之外，还规定永远禁止中国人民抗击侵略者，此外还要向侵略者缴纳巨额赔款；条约规定："赔偿"各国军费白银四亿五千万两，三十九年付清，本息共九亿八千多万两……丧失主权的耻辱及连年接踵而至的繁重赋税让中国人民苦不堪言，民愤鼎沸，清政府走向崩溃的命运已不可逆转。

Le Traité de Shimonoseki et le Traité de Xin Chou exigèrent la Chine de payer des indemnités importantes aux envahisseurs occidentaux. Le traité stipula : la "compensation" des dépenses militaires des divers pays était de 450 millions de taels d'argent, qui devraient être payés en trente-neuf ans, avec un total de plus de 980 millions de taels de principal et d'intérêts... De lourdes taxes empirèrent la vie des chinois déjà misérable, et provoqua la colère du peuple. L'effondrement de la Dynastie Qing fut inévitable.

The Treaty of Xin Chou required China to pay significant indemnities to Western invaders. The treaty stipulated: the "compensation" for the military expenditure of the various countries was 450 million taels of silver, which should be paid in thirty-nine years, with a total of more than 980 million taels of principal and interest… Heavy taxes worsened the already miserable life of Chinese people, and angered the people. The collapse of the Qing Dynasty was inevitable.

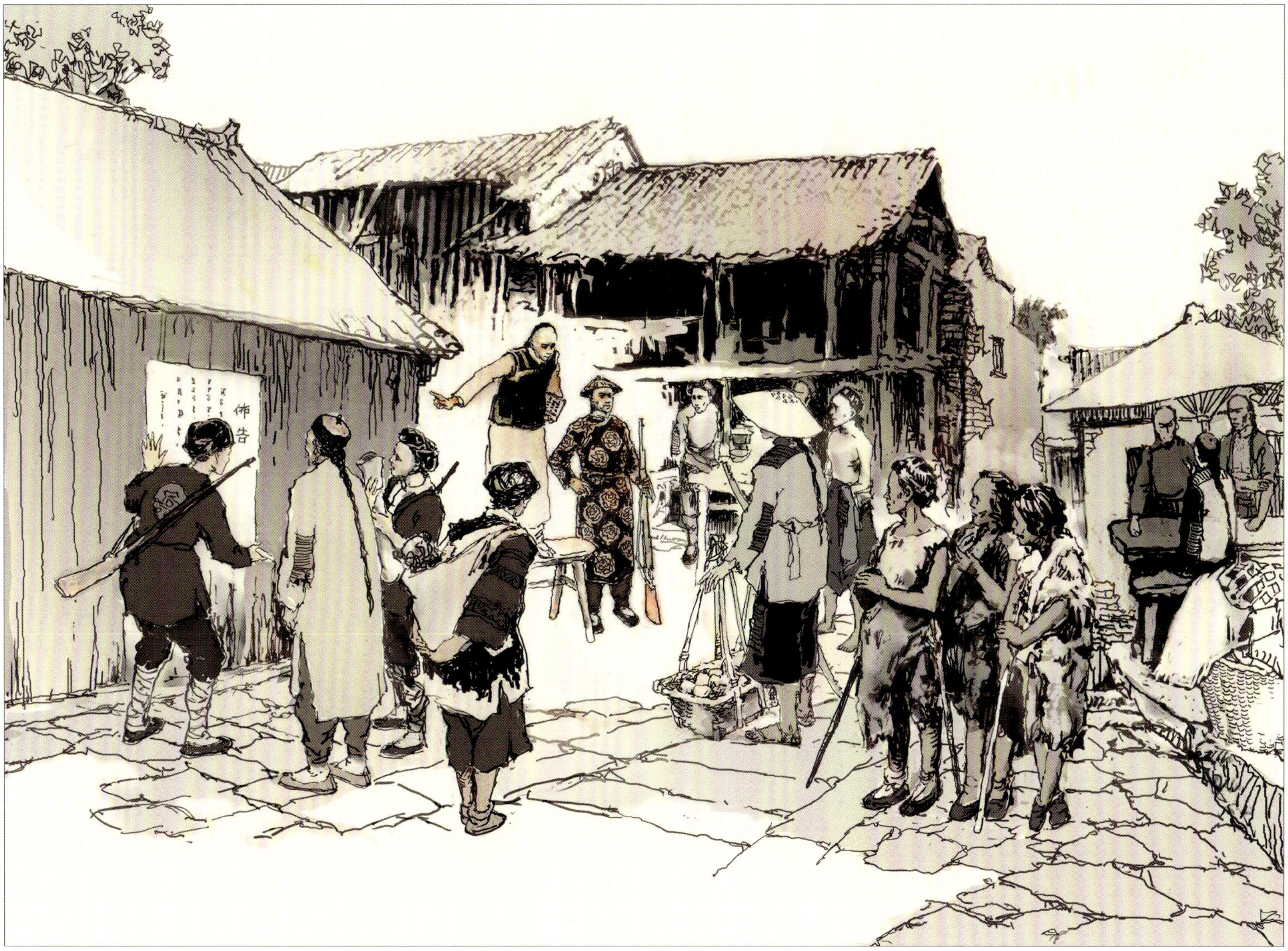
佈告

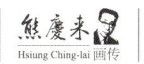

1911年10月10日，孙中山领导的辛亥革命推翻了清王朝，建立了"中华民国"。当时，蔡锷、唐继尧等响应辛亥革命，于1911年10月30日（农历九月初九）在昆明举行武装起义。起义部队在云南讲武堂师生做内应的情况下，经过一夜战斗占领了全城。起义成功后组建了云南省都督府，蔡锷任都督。

Le 10 octobre 1911, la révolution dirigée par Sun Yat-sen renversa la dynastie Qing et instaura la République de Chine. A cette époque, les généraux de l'armée de Yunnan, Cai E et Tang Jiyao, participèrent à la révolution. Le 30 octobre 1911, ils dirigèrent un soulèvement armé à Kunming, avec des enseignants et des étudiants. Après la victoire, le gouvernement de Yunnan Dudu fut mis en place et Cai E fut nommé gouverneur.

On October 10, 1911, the revolution led by Sun Yat-sen overthrew the Qing dynasty and established the Republic of China. At that time, Cai E and Tang Jiyao participated in the revolution. On October 30, 1911, they led an armed uprising in Kunming, along with teachers and students. After the victory, the government of Yunnan Dudu was set up and Cai E was appointed governor.

021

虽然"洋务运动"不能挽救清政府的覆灭，但是，国家要富强，不受列强欺辱，必须向国外学习先进的工业生产及军事科学技术的理念已经成为国民的共识。1913年夏天，正在昆明云南省高等学堂学习的熊庆来看到云南军政府教育司选拔公派留学生的考试通告后，怀着强烈的科学救国的心愿，与来自丽江的同窗学友李汝哲一道报名应试。

Bien que le "Mouvement occidental" n'ait pas pu sauver le gouvernement Qing. Les chinois eurent enfin conscience du retard de manière générale par rapport aux pays étrangers. En 1913, Hsiung Ching-lai, qui étudia encore à l'École supérieure d'enseignement de Yunnan, s'inscrivit avec son ami LI Ruzhe au premier concours national dédié à la sélection des candidats pour formations supérieures à l'étranger.

Although the "Western Movement" could not save the Qing government, the Chinese were finally aware of the delay in general compared to foreign countries. In 1913, Hsiung Ching-lai, who was still studying at the Yunnan College of Education, entered with his friend Li Ruzhe in the first national competition dedicated to the selection of candidates for higher education abroad.

023

这次应试者有数百人，李汝哲和熊庆来分别以第一名及第三名的优异成绩通过考试，李汝哲被省政府指定赴法国学习政治经济学，而熊庆来被指定留学比利时攻读矿业。这一年，熊庆来 20 岁。在此前，他遵照长辈安排，在弥勒家中和出身书香门第的姑娘姜菊缘结了婚，此时妻子已经有了身孕。

Parmi une centaine de candidats, Li Yuzhe et Hsiung Ching-lai réussirent le concours, en finissant le premier et le troisième respectivement. Li Yuzhe fut sélectionné pour étudier l'économie et la politique en France. Et Hsiung Ching-lai fut sélectionné pour étudier l'industrie du secteur minier en Belgique. Cette année-là, Hsiung Ching-lai avait 20 ans, son épouse Jiang Juyuan était enceinte de leur premier enfant.

Among a hundred applicants, Li Ruzhe and Hsiung Ching-lai passed the competition, finishing first and third respectively. Li Ruzhe was selected to study economics and politics in France. And Hsiung Ching-lai was selected to study the mining industry in Belgium. That year, Hsiung Ching-lai was 20 years old, and his wife Jiang Juyuan was pregnant with their first child.

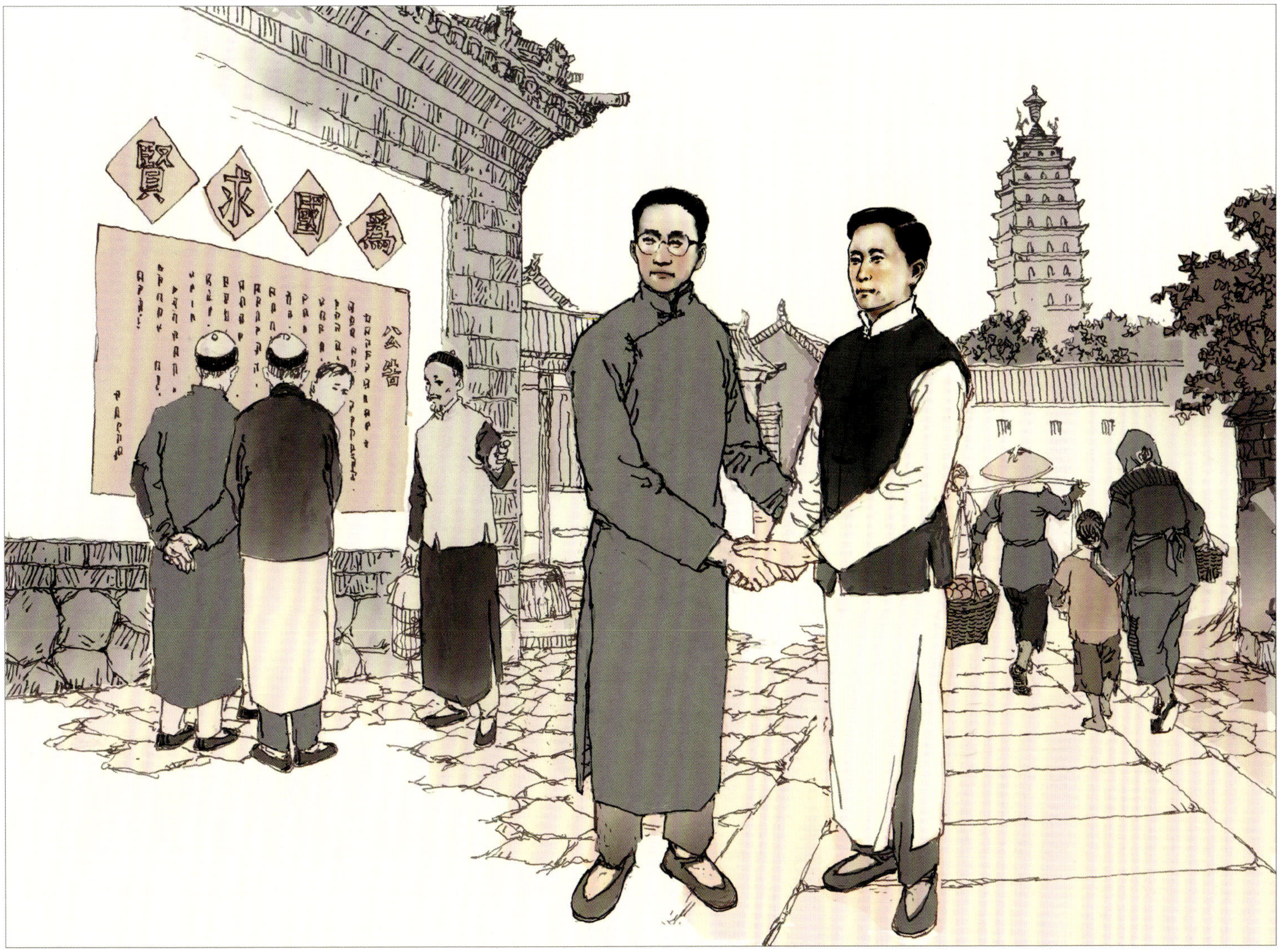
爲國求賢
公告

1913年7月，满怀"科学救国""实业兴国"理想的熊庆来告别父母和妻子，和同时被选拔赴欧的其他6人一同乘坐滇越铁路的火车离开昆明。三天后，经越南河口到达越南海防港口，转乘海轮，经马六甲海峡，渡印度洋，过红海，再穿过苏伊士运河，进入地中海，旅程历时一个月，最后抵达法国城市马赛。

En juillet 1913, Hsiung Ching-lai fit ses adieux à ses parents et à sa femme, et partit avec six autres candidats élus pour formation en Europe. Ils prirent le train à Kunming et arrivèrent au port de Haiphong via l'estuaire vietnamien avant de traverser l'océan Indien par le détroit de Malacca. Après avoir traversé le canal de Suez en mer Rouge, ils arrivèrent ensuite dans la mer Méditerranée. Le voyage dura près d'un mois et finalement ils arrivèrent à Marseille, en France.

In July 1913, Hsiung Ching-lai bade farewell to his parents and wife, and left with six other elected candidates for training in Europe. They took the train in Kunming and arrived at the port of Haiphong via the Vietnamese estuary before crossing the Indian Ocean through the Strait of Malacca. After crossing the Suez Canal in the Red Sea, they then arrived in the Mediterranean Sea. The trip lasted almost a month and finally they arrived in Marseilles, France.

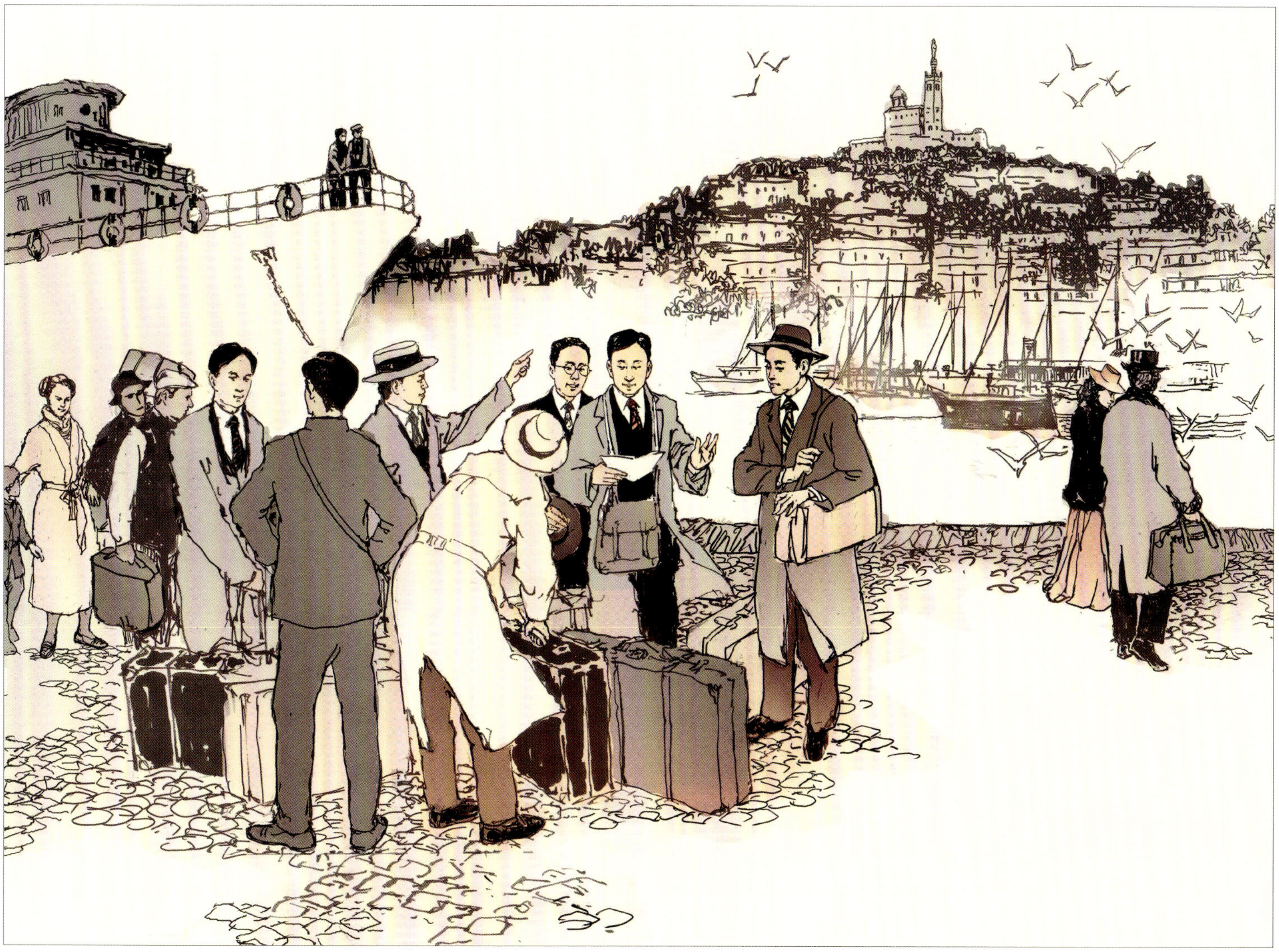

熊庆来和同学杨维浚历尽辛劳到达了比利时东部城市列日，经过认真地学习准备后，于次年报考了列日大学。然而，正当他在考场上认真应答试卷之际，第一次世界大战爆发了。考试尚未终场，入侵比利时的德军开进了列日城，正在进行中的考试被迫终止，列日大学关闭。

Hsiung Ching-lai, et son camarade de classe, Yang Weijun, arrivèrent finalement dans la ville de Liège, en Belgique. Après une année de préparation acharnée, ils postulèrent à l'Université de Liège. Cependant, la première guerre mondiale éclata. Les Allemands entrèrent dans la ville de Liège même avant la fin de l'examen. L'université de Liège fut fermée.

Hsiung Ching-lai, and his classmate, Yang Weijun, finally arrived in the city of Liège, Belgium. After a year of relentless preparation, they applied to the University of Liège. However, the First World War broke out. The Germans entered the city of Liège even before the end of the examination. The University of Liège was closed.

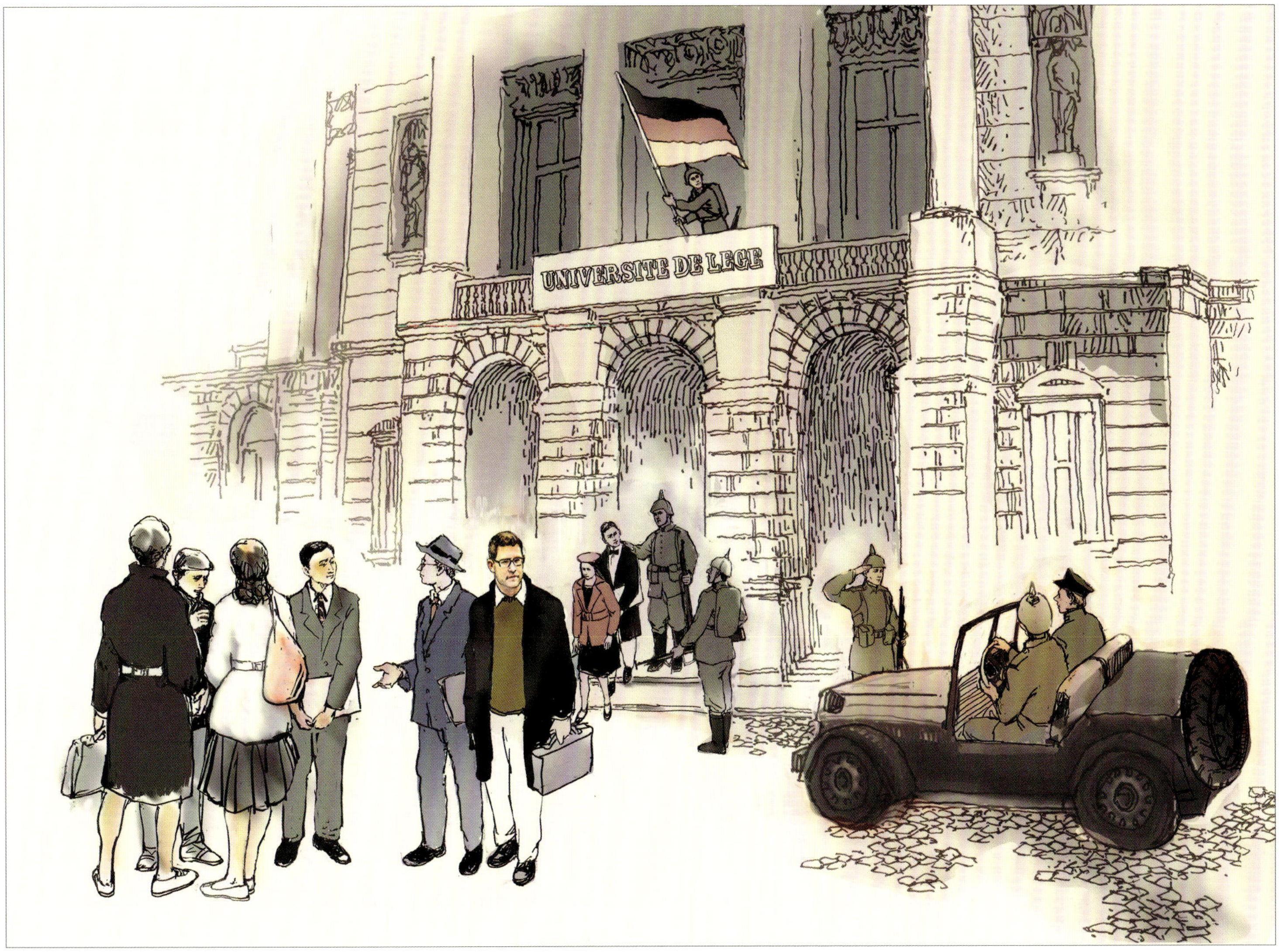
UNIVERSITE DE LEGE

熊庆来不得不离开比利时，在异国他乡逃避战乱，寻求新的学习机会。这时，李汝哲正在巴黎法科大学学习，在他的热心帮助下，熊庆来于1915年2月辗转抵达巴黎。然而，巴黎矿业学院也因战事而关闭，熊庆来只好转向格勒诺布尔大学学习算学。

Hsiung Ching-lai a dû quitter la Belgique. À cette époque, Li Ruzhe étudia à la faculté de droit de l'Université de Paris. Hsiung Ching-lai arriva en France avec l'aide de Li Ruzhe. Peu après, l'École des mines de Paris fut également fermée à cause de la guerre. Hsiung Ching-lai se rendit alors à l'université de Grenoble pour y étudier les mathématiques.

Hsiung Ching-lai had to leave Belgium. At that time, Li Ruzhe studied at the Faculty of Law of the University of Paris. Hsiung Ching-lai arrived in France with the help of Li Ruzhe. Shortly after, the École des mines in Paris was also closed because of the war. Hsiung Ching-lai then went to the University of Grenoble to study mathematics.

031

格勒诺布尔大学创始人为法国数学家、物理学家约瑟夫·傅里叶，学校又称约瑟夫·傅里叶大学。在格勒诺布尔大学，熊庆来刻苦努力，用一个阶段的时间完成了两个阶段的学习，经过严格考核后，于1916年6月获得高等算学学位证书。

Le fondateur de l'Université de Grenoble est le célèbre mathématicien et physicien français Joseph Fourier. Cette école est également connue sous le nom de l'Université Joseph Fourier. Après des mois de travail acharné, Hsiung Ching-lai y obtint le certificat universitaire en mathématiques avancées en juin 1916.

The founder of the University of Grenoble is the famous French mathematician and physicist Joseph Fourier. This school is also known as Joseph Fourier University. After months of hard work, Hsiung Ching-lai obtained the university certificate in advanced mathematics there in June 1916.

033

1916年秋，熊庆来到巴黎大学继续攻读算学，与李汝哲同住一幢公寓。李汝哲德才兼备，学习成绩优异，然因用功太甚，积劳成疾，不幸罹患了肺结核，于1917年1月逝世。李汝哲患病期间，熊庆来衣不解带地在侧服侍，自己最终亦被感染。在朋友逝世后，他不顾自己已经咯血，为好友妥善地办理了后事。此后，经过一年多的治疗，他才终于战胜了病魔，但虚弱的身体已难以适应巴黎寒冷的气候，亦不适应学习矿业。于是，熊庆来决定到较为温暖的法国南部大学学习理工科。

À l'automne de 1916, Hsiung Qing se rendit à l'Université de Paris pour poursuivre ses études en mathématiques et partagea le même appartement avec Li Ruzhe. Malheureusement son ami LI Ruzhe souffrit de la tuberculose et en décéda en janvier 1917. Au cours de la maladie de LI Ruzhe, Hsiung Ching-lai resta à ses côtés pour l'aider. Et il finit même par en être contaminé. Après le décès de son ami, il organisa de son mieux les funérailles malgré son propre état de santé. Bien qu'après une année de traitement il ait finalement vaincu la maladie, son état de santé général fut considérablement fragilisé. Hsiung Ching-lai décida ainsi de quitter Paris et de poursuivre ses études au sud de la France.

In the fall of 1916, Hsiung Ching-lai went to the University of Paris to continue his studies in mathematics and shared the same apartment with Li Ruzhe. Unfortunately, his friend Li Ruzhe suffered from tuberculosis and died in January 1917. During LI Ruzhe's illness, Hsiung Ching-lai stayed by his side to help him. And he even ends up being contaminated. After the death of his friend, he organized the funeral as best he could despite his own state of health. Although after a year of treatment he finally conquered the disease, his general state of health was considerably weakened. Hsiung Ching-lai thus decided to leave Paris and continue his studies in the south of France.

035

1918年2月，熊庆来到法国南部的蒙彼利埃大学学习。通过对高等微积分、理论力学、理论天文学等学科的努力学习，1919年夏天，熊庆来获得了蒙彼利埃大学理科硕士学位。紧接着他又到马赛第一大学学习物理和工业电学，1920年考试合格，获得马赛第一大学高等物理学证书。正当熊庆来准备在法进一步深造时，接到了云南省政府要他迅速回国的来函。

Il obtint la maîtrise en sciences à l'Université de Montpellier en 1919, et le certificat universitaire en physique à l'Université de Marseille en 1920. Alors que Hsiung Ching-lai se prépara à approfondir ses études en France, il reçut une lettre du gouvernement chinois qui lui demanda de retourner immédiatement en Chine.

He obtained the master's degree in science at the University of Montpellier in 1919, and the university certificate in physics at the University of Marseille in 1920. As Hsiung Ching-lai prepared to further his studies in France, he received a letter from Chinese government which asked him to return to China immediately.

037

原来，熊庆来在法国这段时间，国内形势发生剧变。当时在北京民国政府任职的蔡锷洞察到临时大总统袁世凯图谋恢复封建帝制的阴谋后，避开特务监视潜回云南，于1915年12月与唐继尧、李烈钧等人一起成立护国军，在云南发起了维护共和体制的护国战争，护国战争在全国响应下取得胜利。然而，蔡锷在征战中积劳成疾，于1916年因病逝世。

En effet, il y eut des gros changements sur la situation politique en Chine. Le président temporaire de la République, Yuan Shikai, voulut rétablir la monarchie. Cai E, qui avait servi dans le gouvernement de la République, fut revenu à Yunnan en décembre 1915 afin de former une armée pour préserver la République. Cependant, la fatigue et la tension fragilisèrent la santé de Cai E, il mourut en 1916.

Indeed, there were big changes in the political situation in China. The temporary president of the Republic, Yuan Shikai, wanted to restore the monarchy. Cai E, who had served in the Republic government, returned to Yunnan in December 1915 to form an army to preserve the Republic. However, fatigue and strain weakened Cai E's health, and he died in 1916.

039

护国战争的胜利显著提高了云南在国内的地位，继蔡锷之后主政云南的唐继尧认为云南应创办自己的大学。通过认真筹划，原明清时期举行科举考试的云南贡院所在地被确定为建设大学的校址，省政府发函召集在国外留学有成的学子回国参与大学的创建工作。熊庆来接到的正是这样的信函。

Grâce à l'armée de Cai E, Yunnan obtint une place importante parmi les différentes provinces de la Chine. Le leader de l'armée de l'époque, Tang Jiyao suggéra la création de la première université de Yunnan. Le gouvernement de Yunnan décida ainsi de rappeler les étudiants envoyés en formation à l'étranger, dont Hsiung Ching-lai, pour retourner au pays afin de participer à la création de l'université.

Thanks to the army of Cai E, Yunnan obtained an important place among the various provinces of China. The leader of the army at the time, Tang Jiyao suggested the establishment of the first university in Yunnan. The Yunnan government thus decided to recall the students sent for training abroad, including Hsiung Ching-lai, to return to the country in order to participate in the creation of the university.

041

1921 年 2 月，经过一个多月的辛苦旅程，28 岁的熊庆来回到故乡。此时此刻，他已经从一个初出茅庐的年轻人成长为一名学者，结束了长达近 8 年与亲人相隔万里的两地思念。他欣喜地见到了阔别已久的父母和妻子，第一次见到已经 7 岁多，名为秉信的儿子。然而他以事业为重，回家不久后他就携妻儿赴省城昆明，打算与有关人士等共商筹办云南省第一所大学的相关事宜，以实现服务桑梓的愿望。

En février 1921, après 8 ans de séjour à l'étranger, Hsiung Ching-lai rentra enfin dans sa ville natale. Il eut à ce moment-là 28 ans et il vit la première fois son fils de 7 ans, "Bingxin". Peu de temps après son retour chez lui, il emmena sa femme et ses enfants à Kunming, la capitale de la province, et prévint de discuter de la création de la première université de la province du Yunnan avec les parties concernées, afin de réaliser son rêve de s'investir dans l'éducation.

In February 1921, after 8 years abroad, Hsiung Ching-lai finally returned to his hometown. He was 28 years old at that time and saw his 7-year-old son, Bingxin, for the first time. Shortly after returning home, he took his wife and children to Kunming, the provincial capital, and announced to discuss the establishment of the first university in Yunnan province with the parties concerned, in order to to realize his dream of investing in education.

043

然而，熊庆来赴省城昆明后才知道，1921年2月8日云南省发生兵变，唐继尧避走香港，大学筹建之事乃告中辍。到达昆明的熊庆来到省政府报到后，被委派为省政府第三科科员。每天各种行政琐事缠身的生活让他极难适应，一个月后他辞职到中学任教。然而当时昆明的中学所教的物理及数学知识难度不高，熊庆来远渡重洋所学习的近代物理、高等数学知识无用武之地，他不禁十分苦闷。

Cependant, le 8 février 1921, un nouveau coup d'état eut lieu par le leader de la première armée de Dianjun, l'ancien leader Tang Jiyao fuit à Hong Kong et le projet de la création de l'université fut suspendu. Hsiung Ching-lai fut affecté au gouvernement local pour un poste de fonctionnaire. Pourtant Hsiung Ching-lai préféra quitter le gouvernement et choisit un poste d'enseignant au collège. A cette époque, les connaissances en physique et en mathématiques enseignées dans les collèges de Kunming furent très faibles.

However, on February 8, 1921, another coup d'etat took place, the former leader Tang Jiyao fled to Hong Kong, and the plan to establish the university was suspended. Hsiung Ching-lai was assigned to the local government for a civil servant position. Yet Hsiung Ching-lai preferred to leave the government and chose a teaching post at the college. At that time, the knowledge of physics and mathematics taught in colleges in Kunming was very weak.

045

正当熊庆来为不能充分利用自己所学的知识为国尽力而茫然时,同期留法的学友何鲁推荐他到南京高等师范学校任教,这所学校是当时中国最早的 6 所著名高等师范学校之一。1921 年 11 月,熊庆来带着妻儿离开昆明,北上到达南京高等师范学校(国立东南大学的前身)任教。

Déçu de ne pas pouvoir exploiter pleinement ses connaissances acquises en France, Hsiung Ching-lai accepta une proposition de son camarade He Lu, pour une poste à l'école normale supérieure de la ville de Nanjing (Actuel Université du Sud-Est). En novembre 1921, Hsiung Ching-lai quitta sa ville natale avec sa femme et ses enfants pour se rendre à Haiphong au Vietnam via le chemin de fer Yunnan-Vietnam, puis par le canal de Haiphong pour arriver à l'école normale de Nanjing (ancien l'Université nationale du Sud-Est) pour enseigner.

Disappointed at not being able to fully exploit his knowledge acquired in France, Hsiung Ching-lai accepted a proposal from his comrade He Lu, for a post at the higher normal school of the city of Nanjing (current South-East University). In November 1921, Hsiung Ching-lai left his hometown with his wife and children to arrive at Nanjing Normal School (formerly Southeastern National University).

047

南京高等师范学校的校长郭秉文对熊庆来委以重任，熊庆来被聘为教授，并兼任算学系的系主任。在当时，近代数学是一门新兴学科，而国内大学只有外文教材，学生学习遇到很大困难，熊庆来决定编写中文教材改变这种状况。经熊庆来建议，学校聘请了留学法国的段子燮等学者来算学系任教。作为中国近代数学教育的奠基者，熊庆来及其同事基于国外相关教材及专著，通过夜以继日、废寝忘食的努力，编写了大量适合中国国情的教材。

Hsiung Ching-lai fut embauché en tant que directeur du département des mathématiques. À cette époque, les universités nationales ne disposèrent que de manuels en langue étrangère et les étudiants rencontrèrent de grandes difficultés pour les étudier. Hsiung Ching-lai décida d'écrire des manuels chinois pour changer cette situation. Suite sa suggestion, l'école embaucha Duan Zixie et d'autres universitaires qui avaient étudié en France pour enseigner au Département de mathématiques. Hsiung Ching-lai et ses collègues décidèrent de se réunir pour traduire et pour éditer des manuels pédagogiques adaptés aux élèves chinois.

Hsiung Ching-lai was hired as the head of the mathematics department. At that time, national universities only had textbooks in foreign languages, and students encountered great difficulty in studying them. Hsiung Ching-lai decided to write Chinese textbooks to change this situation. Following his suggestion, the school hired Duan Zixie and other academics who had studied in France to teach in the Mathematics Department. Hsiung Ching-lai and his colleagues decided to get together to translate and edit educational manuals suitable for Chinese students.

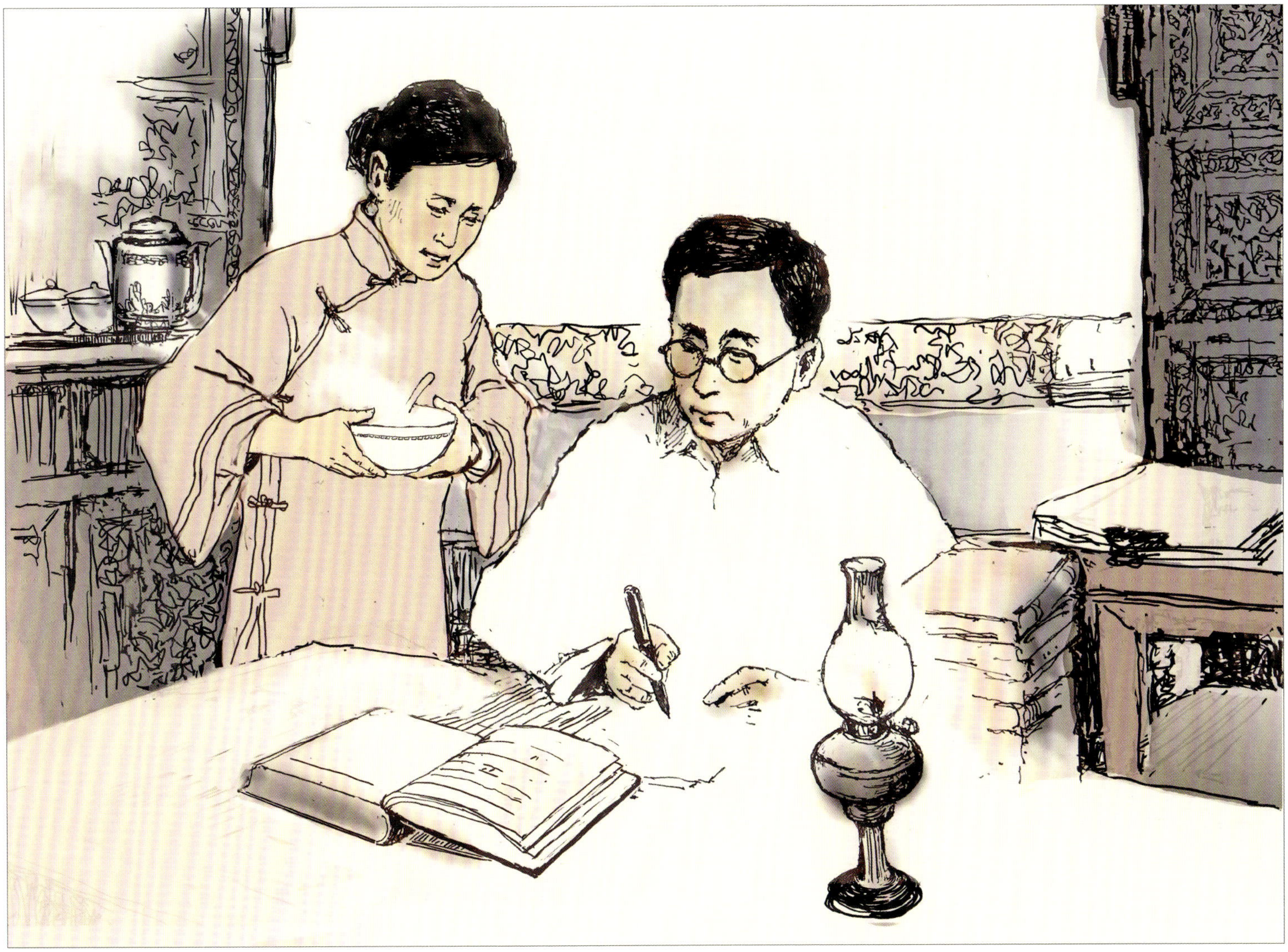

1923年，南京高等师范学校撤销，正式改称东南大学。在学校里，熊庆来及他的同事们用中文开设了"大代数甲、乙""解析几何甲、乙""近代几何""微积分方程"及"数论""球面三角"等23门课程，全部使用中文教材授课，极大地方便了国内学生。其中，熊庆来所编撰的《高等算学分析》成为那时中国大学理科教学的必用教材。

Deux ans plus tard, ils réussirent à définir 23 catégories de cours dans le domaine des mathématiques modernes: " Etudes de la Géométrie modernes " " Calcul des intégrations "… Tous les manuels furent désormais écrits en chinois. Le manuel " L'analyse avancée des mathématiques " rédigé par Hsiung Ching-lai est, dans cette époque, un support pédagogique largement utilisé dans l'enseignement supérieur en Chine.

Two years later, they succeeded in defining 23 categories of courses in the field of modern mathematics: "Modern Geometry Studies" "Calculus of Integrations"… All textbooks were now written in Chinese. The textbook "Advanced Analysis of Mathematics" written by Hsiung Ching-lai was a widely used teaching aid in higher education in China.

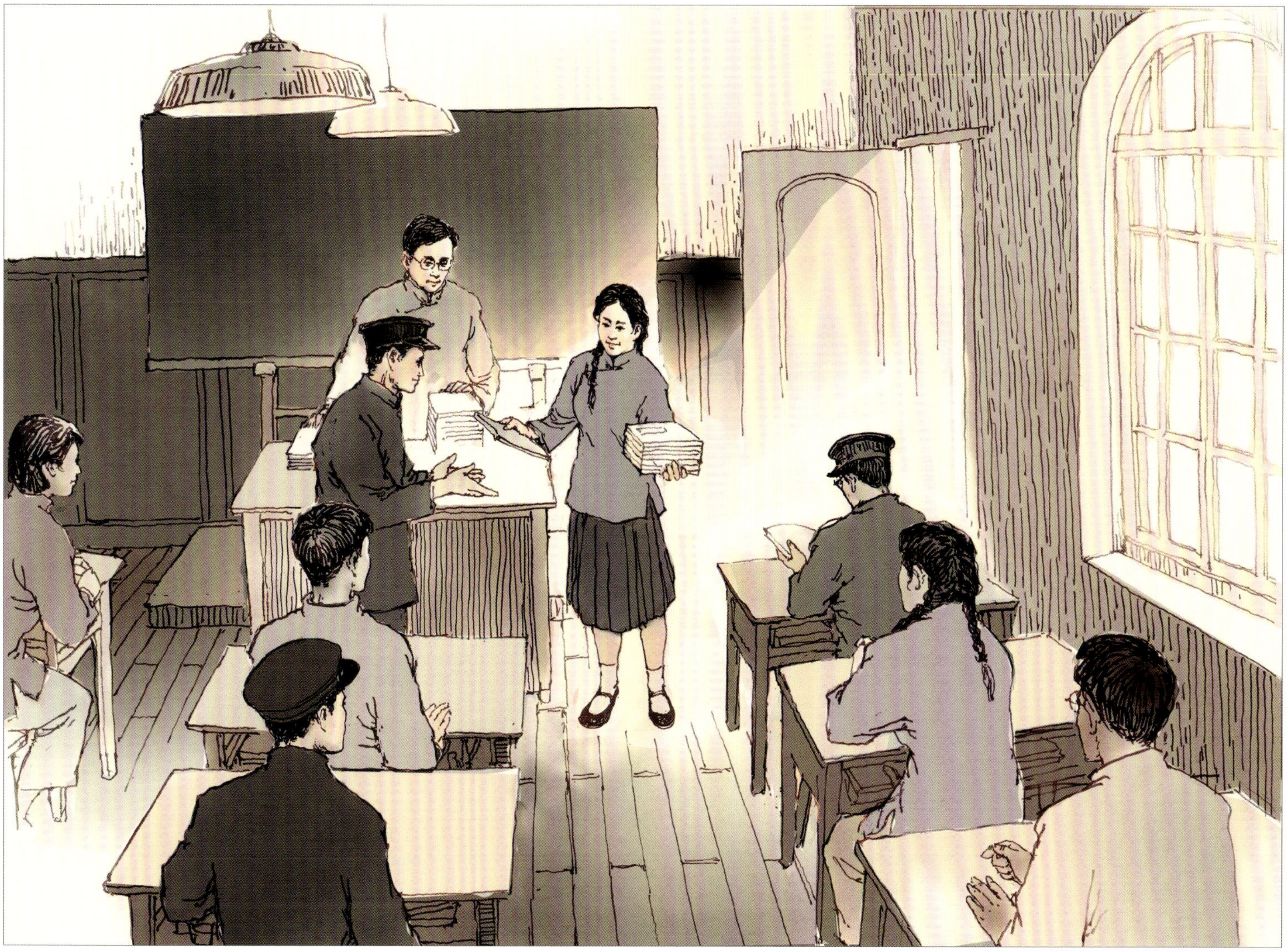

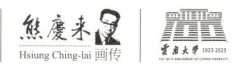

这一时期，东南大学招收过一批颇为出色的学子，如严济慈、胡坤陞、赵忠尧、唐培经等人。我国著名物理学家严济慈当时是一位品学兼优的学生，然而家境贫寒。熊庆来鼓励他出国留学深造，并且与何鲁及胡刚复老师共同资助他，期望他日后成为祖国的栋梁之材。后来，严济慈到法国留学，1927年获法国国家博士学位后，不负恩师期望，回国工作，成为中国现代物理学研究的开创者之一。

Durant cette période, l'Université avait recruté un groupe d'étudiants exceptionnels, tels que Yan Jici, Hu Kunsheng, Zhao Zhongyao, Tang Peijing et d'autres. Ayant vu beaucoup de potentiel en Yan Jici, qui était issu d'une famille pauvre, Hsiung Ching-lai l'encouraga à étudier à l'étranger et était prêt à l'aider financièrement pour les frais nécessaires. Par la suite, Yan Jici réussit à obtenir une bourse française grâce à ses excellents résultats scolaires. Après l'obtention de son doctorat en France en 1927, il retourna en Chine et devint l'un des pionniers de la recherche en physique du pays.

During this period, the University had recruited a group of outstanding students, such as Yan Jici, Hu Kunsheng, Zhao Zhongyao, Tang Peijing and others. Having seen a lot of potential in Yan Jici, who was from a poor family, Hsiung Ching-lai encouraged him to study abroad and was willing to help him financially with the necessary fees. Subsequently, Yan Jici succeeded in obtaining a French scholarship thanks to his excellent academic results. After obtaining his doctorate in France in 1927, he returned to China and became one of the pioneers of physics research in the country.

算學系

熊庆来为近代数学教学所做的奠基性工作在国内产生了显著的影响。1926年秋，北京的清华学校（国立清华大学的前身）聘熊庆来赴京参与筹办大学部算学系。熊庆来应聘到达清华后，受到当时任物理系系主任，也曾是东南大学同事的叶企孙教授的热情欢迎。

Le travail novateur de Hsiung Ching-lai pour l'enseignement des mathématiques fut remarqué rapidement. À l'automne 1926, Ecole Tsinghua de pékin (aujourd'hui Université Tsinghua) invita Hsiung Ching-lai à se rendre à Pékin pour participer à la création du département des mathématiques. Dès son arrivée, il fut chaleureusement accueilli par le professeur Ye Qisun, directeur du département des Sciences.

Hsiung Ching-lai's pioneering work in mathematics education was quickly noticed. In the fall of 1926, Tsinghua School (Now Tsinghua University) invited Hsiung Ching-lai to go to Beijing to help establish the mathematics department. Upon his arrival, he was warmly welcomed by Professor Ye Qisun, Head of the Physics Department.

055

1928年夏，蒋介石领导的北伐军挺进北京。蒋进北京后宣布定都南京，"北京"改称"北平"。清华学校更名为"国立清华大学"，罗家伦任校长。在当时的国立清华大学中，著名学者梅贻琦被聘为教务长，叶企孙被聘为物理系主任（后兼任理学院院长），熊庆来则被聘为算学系主任。

À l'été 1928, l'armée du Nord dirigée par Chiang Kai-shek conquit Pékin. Chiang Kai-shek annonca le changement du nom de "Beijing " en " Beiping ". L'Ecole de Tsinghua fût nommée "Université nationale Tsinghua". Luo Jialun fût le principal. Mei Yiqi fût recruté entant que directeur des études. Quant à Hsiung Ching-lai, il devena le directeur du département des mathématiques.

In the summer of 1928, the Northern Army led by Chiang Kai-shek conquered Beijing. Chiang Kai-shek announced the change of name from "Beijing" to "Beiping". Tsinghua School was named "National Tsinghua University". Luo Jialun was the principal. Mei Yiqi was recruited as director of studies. As for Hsiung Ching-lai, he became the director of the mathematics department.

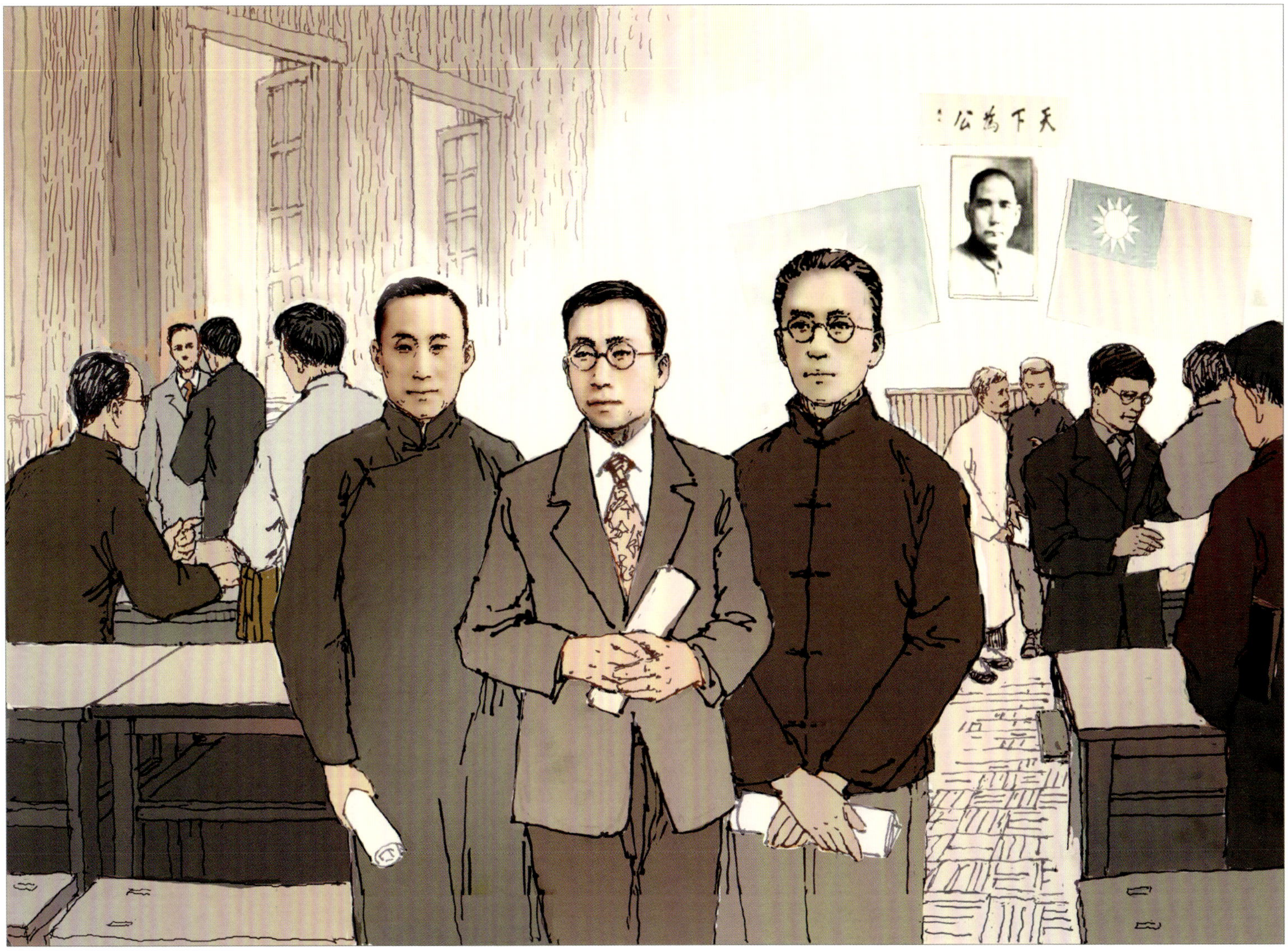
天下为公

熊庆来就职后，聘请了东南大学的孙塘（字光远）、厦门大学的杨武之（著名科学家杨振宁之父）等人加盟清华，极大地增强了算学系的力量。1929年熊庆来主持建立了中国第一个数学研究机构——清华大学算学研究所。1930年，陈省身、吴大任成为研究所录取的首届研究生。这两人后来都成了驰名中外的数学家。据陈省身回忆："迪师（熊庆来字"迪之"）为人平易，是一个十分慈祥的人，同他接触如坐春风……（他）使清华数学系成为中国数学史上光荣的一章。"

Après l'entrée en fonction de Hsiung Ching-lai, il embaucha Sun Tang de l'Université du Sud-Est, Yang Wuzhi (père du future célèbre scientifique Yang Zhenning) de l'Université de Xiamen et d'autres pour rejoindre l'Université Tsinghua, ce qui considérablement renforca la force du Département de mathématiques. En 1929, Hsiung Ching-lai présida à la création de la première institution dédiée à la recherche des mathématiques en Chine : l'Institut mathématique de l'Université de Tsinghua. Chen Shengshen et Wu Daren furent parmi les premiers étudiants diplômés de l'institut. Tous deux devinrent plus tard des mathématiciens renommés. Selon la mémoire de Chen Shengshen: Professeur Hsiung était une personne très gentille et accessible. Le contact avec lui était " comme une brise de printemps ". Pendant le séjour de Hsiung Ching-lai à Tsinghua, il réussit à créer une nouvelle page dans l'histoire de la recherche des mathématiques en Chine.

After Hsiung Ching-lai took office, he hired Sun Tang from Southeastern University, Yang Wuzhi (father of future famous scientist Yang Zhenning) from Xiamen University and others to join Tsinghua University, which greatly enhanced the strength of the Mathematics Department. In 1929, Hsiung Ching-lai presided over the creation of the first institution dedicated to mathematical research in China: the Mathematical Institute of Tsinghua University. Chen Xingshen and Wu Daren were among the institute's first graduate students. Both later became renowned mathematicians. According to Chen Xingshen's memory: Professor Hsiung was a very kind and approachable person. Contact with him was "like a spring breeze". During Hsiung Ching-lai's stay in Tsinghua, he succeeded in creating a new page in the history of mathematical research in China.

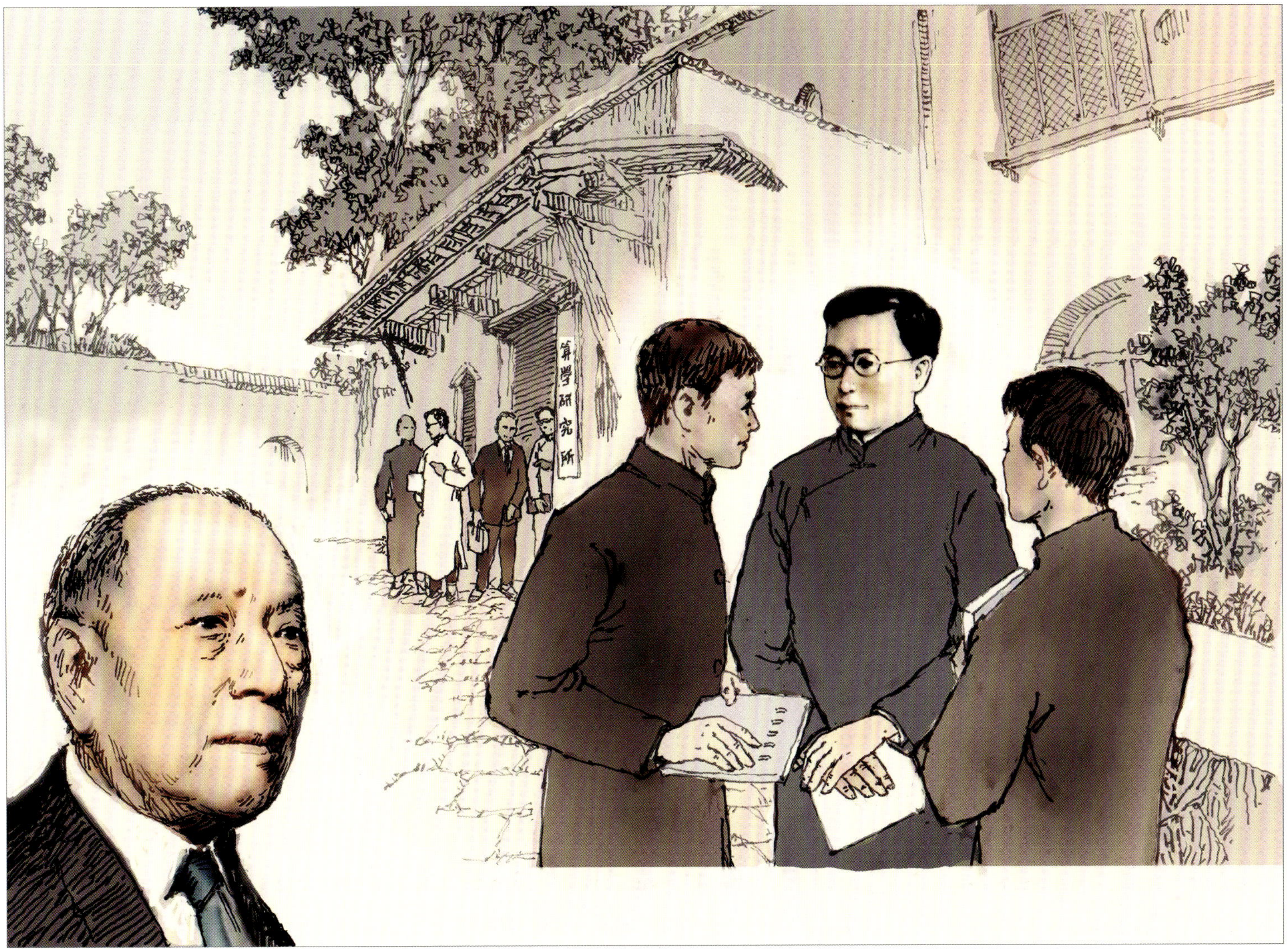
算學研究所

1931年，梅贻琦出任清华大学校长。清华教授杨武之通过当时科学杂志上发表的一篇论及代数的五次方程式解法的论文，发现了当时年方19岁的初中毕业生华罗庚的数学天赋，将其推荐给熊庆来。熊庆来对华罗庚的天赋大为赞赏，向院长叶企孙及校长梅贻琦极力推荐，最终华罗庚被破格录用到清华。此后，熊庆来为华罗庚的深造及拓展提供了种种便利条件，华罗庚后来亦成为世界知名的数学家。

En 1931, Mei Yiqi devint le directeur de l'Université de Tsinghua. Un jour le professeur Yang Wuzhi remarqua un article publié sur le magazine "La science" au sujet de la solution à l'équation quintique. L'auteur de l'article est Huang Luogeng qui était encore un jeune lycéen de 19 ans. Hsiung Ching-lai fut convaincu de son talent en mathématiques et le recommanda auprès de Mei pour que Huang Luogeng puisse être admis exceptionnellement à l'université de Tsinghua. Hua Luogeng devint plus tard un mathématicien mondialement reconnu.

In 1931, Mei Yiqi became the director of Tsinghua University. One day Professor Yang Wuzhi noticed an article published in "Science" magazine about the solution to the quintic equation. The author of the article is Hua Luogeng who was still a 19-year-old high school student. Hsiung Ching-lai was convinced of his talent in mathematics and recommended him to Mei so that Hua Luogeng could be admitted exceptionally to Tsinghua University. Hua Luogeng later became a world renowned mathematician.

061

1932 年夏天，熊庆来在清华执教已满 5 年，按校方规定可享受一年带薪进修的机会。他决定再次出国深造。这时，家中已有了儿子秉信、秉明、女儿秉慧和孪生男孩秉哲及秉衡。他与妻子商定：让长子秉信在北京的寄宿学校上学，二子秉明随他出国，妻子则带着女儿和两名幼子返回到在东南大学工作时用积攒的薪水在南京购置的房屋中，过着精打细算、紧缩开支的生活。

Après 5 ans d'enseignement au sein de l'Université de Tsinghua, Hsiung Ching-lai obtint l'opportunité de continuer ses formations à l'étranger. Il repartit en France avec son deuxième fils. Et sa femme décida de rester à Nanjing s'occuper de leurs quatre autres enfants avec les moyens qu'ils avaient économisés dans le passé.

After 5 years of teaching at Tsinghua University, Hsiung Ching-lai got the opportunity to continue his education abroad. He returned to France with his second son. And his wife returned to the house she bought in Nanjing with the salary she had saved from working at Southeastern University and lived frugally with her other children.

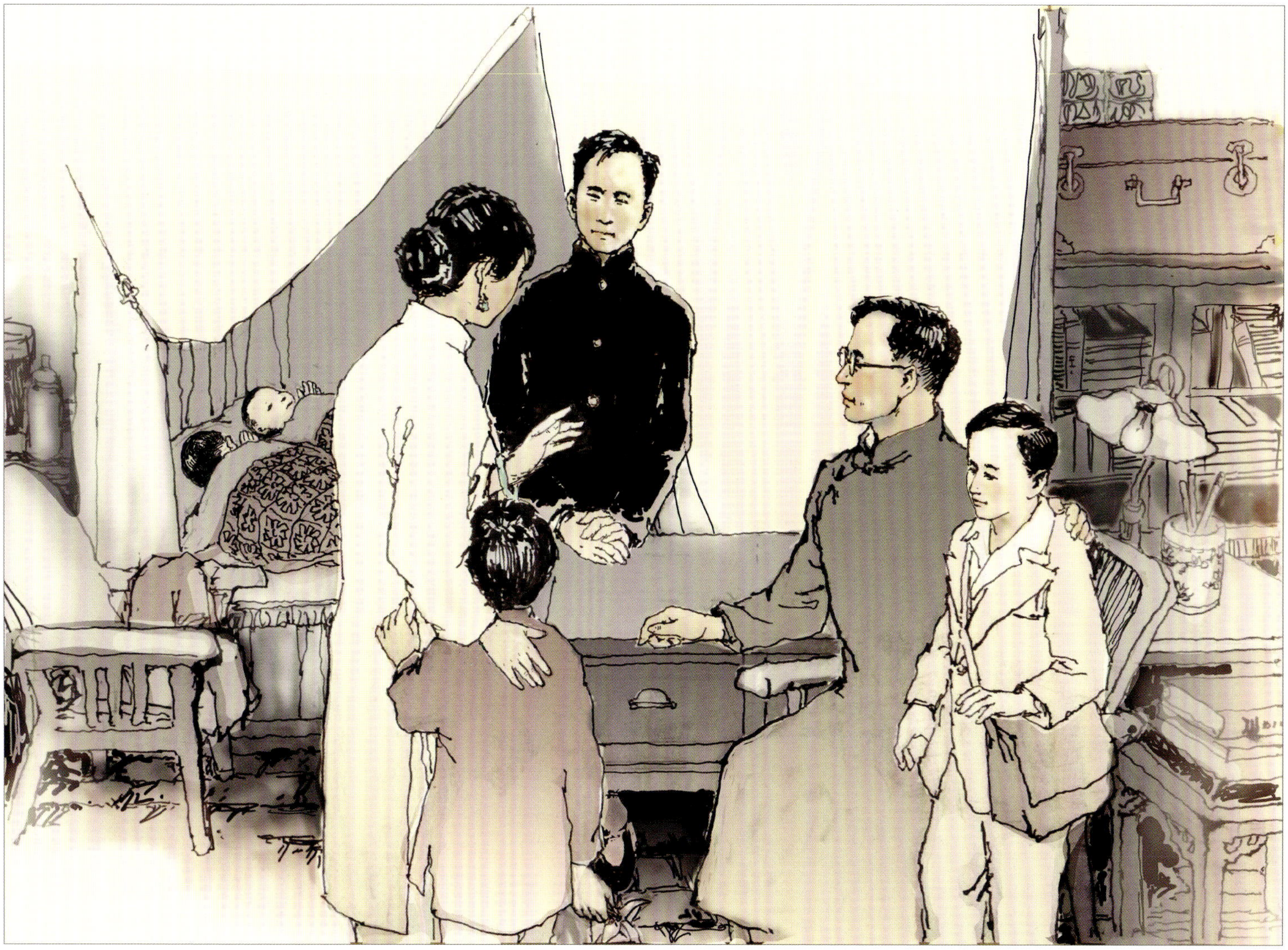

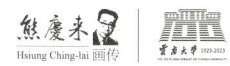

这时恰逢第九届国际数学家大会将在瑞士苏黎世召开，该大会被誉为是"数学界的奥林匹克盛会"。中国数理学会趁熊庆来出国深造之机，委派他代表中国出席大会。1932年7月，熊庆来携二儿子秉明出国，在参加大会及会后与国际数学家交流切磋中，他确定将当时的一个数学难题——无穷级函数的研究作为自己的攻克目标。

En ce moment, le 9ème Congrès international des mathématiciens eut lieu à Zurich en Suisse, Hsiung Ching-lai y participa en tant que représentant de la Chine. Suite au congrès, il décida de relever un défi mathématique connu: Trouver la résolution des fonctions d'ordre infini.

At this time, the 9th International Congress of Mathematicians was held in Zurich, Switzerland, Hsiung Ching-lai attended as the representative of China. Following the congress, he decided to take up a known mathematical challenge: Find the resolution of functions of infinite order.

065

在法期间，熊庆来在巴黎大学旁听所需的数学课程，到图书馆阅读专著，参与法国知名教授的讨论会……经过近一年的思考及计算，他引入了两个新的数学概念"型函数"及"无穷级"，构筑了"无穷级亚纯函数"的严格理论。后来，他引入的型函数和无穷级被国际数学界称为"熊氏型函数"及"熊氏无穷级"。创造性的研究成果让熊庆来于1934年获得了法国国家博士学位。

Pendant son séjour en France, il consacra entièrement son temps à étudier ce sujet, il y travailla à l'université, à la bibliothèque, aux forums scientifiques… Après un an de travail acharné, il réussit à introduire deux nouveaux concepts mathématiques "fonction de type " et " ordre infini ", et à construire la théorie de " fonction méromorphe d'ordre infini ". Ses résultats d'études lui permirent d'obtenir son diplôme de doctorat en 1934.

During his stay in France, he devoted his time entirely to studying this subject. He worked on it at the university, in the library, in scientific forums… After a year of hard work, he succeeded in introducing two new mathematical concepts "function of type" and "infinite order", and to construct the theory of "meromorphic function of infinite order". His study results enabled him to obtain his doctorate degree in 1934.

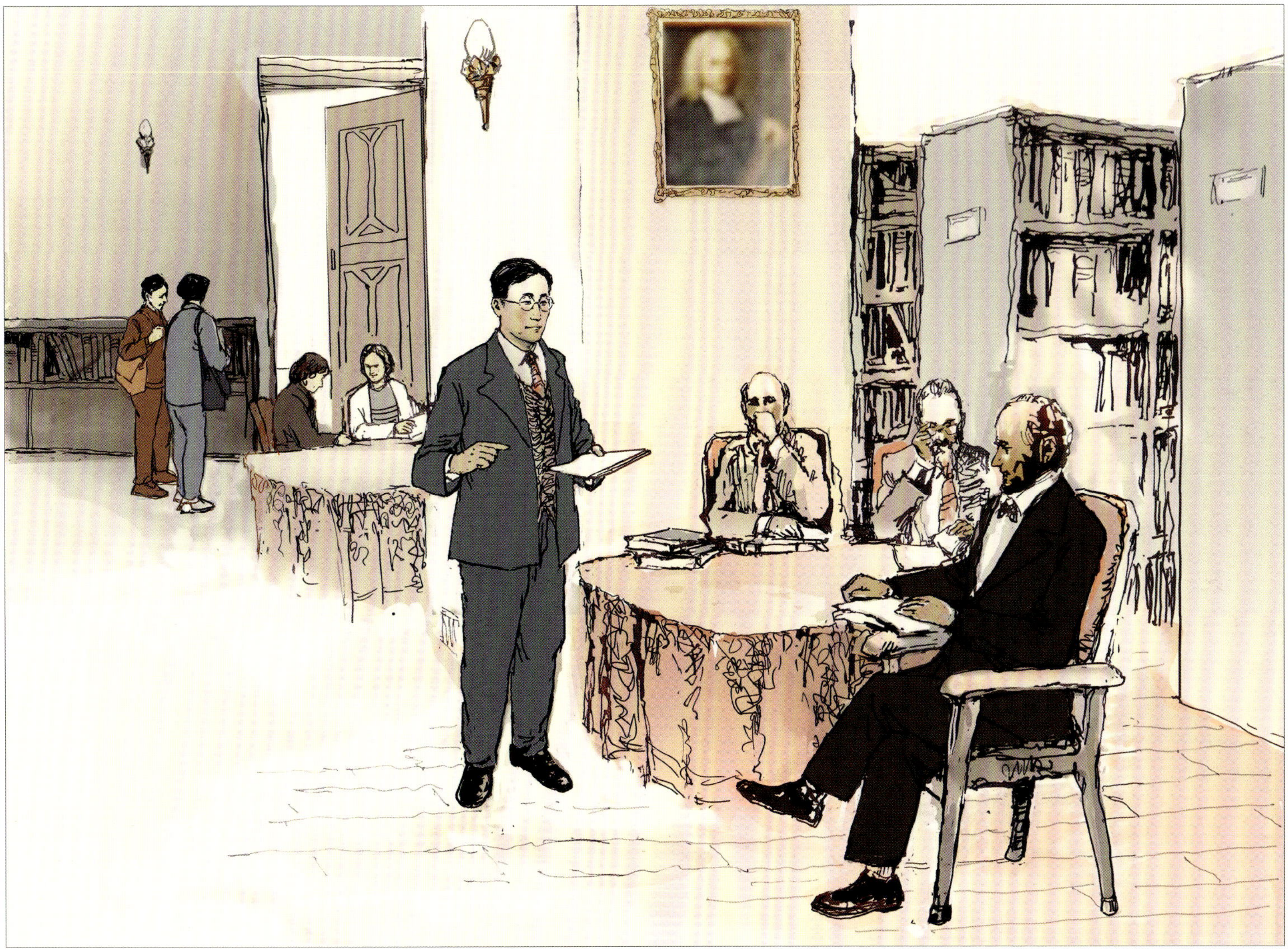

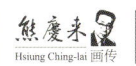

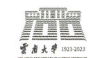

1934年夏天，熊庆来带着儿子秉明乘火车取道西伯利亚，从满洲里入关回国，途中经过被日本人强占的东北三省，目睹了日本人在中国的土地上横行霸道的嚣张气焰；他们的行李被日本人严密搜查，他们本人又被汉奸久久盘问……熊庆来的内心充满了愤怒与无奈，看到自己的祖国积贫积弱、遭受欺辱，他更加坚定了"科学救国"及"教育兴邦"的意志。

À l'été 1934, Hsiung Ching-lai emmena son fils Bingming en train à Beiliya depuis la Mandchourie pour rentrer chez lui. En chemin, il traversa les trois provinces du nord-est occupées par les Japonais. Il fut témoin de l'arrogance des Japonais sur le sol chinois. Les japonais fouillèrent leur bagages et les interrogèrent de nombreuses fois ... Le cœur de Hsiung Ching-lai était plein de colère et d'impuissance. En témoignant son pays comme victime d'intimidation, il confirma son envie de "sauver le pays par la science et par l'éducation".

In the summer of 1934, Hsiung Ching-lai took his son Bingming by train to Siberia from Manchuria to return home. Along the way, he passed through the three Japanese-occupied northeastern provinces. He witnessed the arrogance of the Japanese on Chinese soil. The Japanese searched their luggage and interrogated them many times... Hsiung Ching-lai's heart was full of anger and helplessness. By testifying to his country as a victim of bullying, he confirmed his desire to "save the country through science and education".

069

回国后，熊庆来将妻儿从南京接回清华，才知道四子秉哲在他出国期间因病夭折。他将悲痛压在心底，继续努力工作。为进一步提高中国的数学研究水平，在校方的支持下，1935—1936年，他聘请了当时国际数学界顶级学者哈达玛（G.Hadamard）和控制论创始人、美国麻省理工学院教授维纳（N.Wiener）来校授课，成为当时轰动中国教育界的一大盛事。西方一流学者来华讲学，不仅交流了最新的数学研究进展，而且为我国学者赴欧美深造打开了方便之门。

Après son retour en Chine, Hsiung Ching-lai ramena sa femme et ses enfants de Nanjing à l'Université Tsinghua, et il apprit la mort de son quatrième fils suite à une maladie alors qu'il était à l'étranger. Il garda son chagrin et continua à travailler dur. En 1935, il invita professeur G.Hadamard, le fondateur de la cybernétique, et professeur Wiener, professeur au Massachusetts Institute of Technology de venir en Chine pour enseigner. Ce fut un événement majeur de l'époque du milieu d'enseignement en Chine: Pour la première fois, des universitaires importants occidentaux vinrent en Chine pour donner des conférences. Non seulement pour échanger les derniers progrès de la recherche en mathématiques, mais aussi pour faciliter les scientifiques chinois de se rendent en Europe et en Amérique.

After returning to China, Hsiung Ching-lai took his wife and children back from Nanjing to Tsinghua University, and he learned of the death of his fourth son from illness while overseas. He kept his grief and continued to work hard. From 1935 to 1936, he invited Professor G. Hadamard, the founder of cybernetics, and Professor Wiener, a professor at the Massachusetts Institute of Technology to come to China to teach. This was a major event of the era of the teaching environment in China: For the first time, prominent Western scholars came to China to give lectures. Not only to exchange the latest research progress in mathematics, but also to facilitate Chinese scientists to visit Europe and America.

071

随着中国高等教育的发展，20世纪30年代中期，中国已有二三十所高等学校成立了算学系。1935年7月，中国数学学会正式成立，标志着中国数学已经进入现代科学领域。在大会上，熊庆来、孙光远、苏步青等11人被选为理事会理事。对"数学"及"算学"二词的使用，在会议上提出来进行讨论，经国民政府教育部决定，统一用"数学"（Mathematics）一词，并沿用至今。

Grâce au développement de l'enseignement supérieur en Chine, au milieu des années 1930, une vingtaine d'établissements d'enseignement supérieur en Chine créèrent des départements de mathématiques. La communauté chinoise des mathématiques a connu une grande progression. En juillet 1935, la Société Mathématique chinoise fut officiellement créée. Lors de la conférence de l'ouverture, 11 personnes, dont Hsiung Ching-lai, Sun Guangyuan et Su Buqing, furent élues membres du conseil. L'utilisation des termes " mathématiques " ou " arithmétique " fut débattue lors de la conférence. Ensuite le choix du terme " mathématiques " fut officiellement décidé par le Ministère de l'Éducation.

With the development of higher education in China, in the mid-1930s, about 20 higher education institutions in China established mathematics departments. The Chinese mathematics community has made great progress. In July 1935, the Chinese Mathematical Society was officially established. At the opening conference, 11 people, including Hsiung Ching-lai, Sun Guangyuan, and Su Buqing, were elected council members. The use of the terms "mathematics" or "arithmetic" was debated at the conference. Then the choice of the term "mathematics" was officially decided by the Ministry of Education.

073

1936—1937年是清华大学数学系的鼎盛时期。在此前的十年里，熊庆来及同仁们在清华汇聚了一批优秀的数学家，如杨武之、郑桐荪、孙光远、赵访熊、曾远荣等人。他们以学术研究为宗旨，以培养人才为己任，培养出华罗庚、陈省身、庄圻泰、徐贤修、段学复等优秀的数学人才……正如20世纪90年代云南大学教授张维先生所写："……这些近代数学的拓荒者们，满心巴望着中华儿女登上世界数学的群山之巅，翘首企望着炎黄子孙复兴中国作为'数学大国'的历史地位，他们为此竭尽自己的全力……"

De 1936 à 1937, ce fut l'apogée du département de mathématiques de l'Université Tsinghua. Durant cette période, Hsiung Ching-lai et ses collègues réunirent un groupe de mathématiciens exceptionnels à Tsinghua, tels que Yang Wuzhi, Zheng Tongsun, Sun Guangyuan, Zhao FangHsiung, Zeng Yuanrong. Ils prirent la recherche académique comme objectif et cultivèrent les talents comme leur propre responsabilité. Grâce à eux, de nombreux talents mathématiques exceptionnels ont été reconnus, tels que Hua Luogeng, Chen Xingshen, Zhuang Qitai, Xu Xianxiu, Duan Xuefu, etc. Comme l'a écrit le professeur Zhang Wei de l'Université du Yunnan: " Ces pionniers des mathématiques modernes sont pleins d'espoir que les chinois atteindront le sommet des mathématiques du monde, et ils font de leur mieux pour cela …"

From 1936 to 1937 was the heyday of the mathematics department of Tsinghua University. During this period, Hsiung Ching-lai and his colleagues gathered a group of outstanding mathematicians in Tsinghua, such as Yang Wuzhi, Zheng Tongsun, Sun Guangyuan, Zhao FangXiong, Zeng Yuanrong. They took academic research as their goal and cultivated talents as their own responsibility. Thanks to them, many outstanding mathematical talents have been recognized, such as Hua Luogeng, Chen Xingshen, Zhuang Qitai, Xu Xianxiu, Duan Xuefu, etc. As Professor Zhang Wei of Yunnan University wrote: "These pioneers of modern mathematics are full of hope that the Chinese people will reach the top of the world's mathematics, and they are doing their best for that…"

075

在全国教育事业获得长足进步的同时，云南教育也获得明显发展。熊庆来离开云南的第二年，唐继尧又重新掌握了云南省军政大权。云南省第一所大学——私立东陆大学于1922年宣告成立，董泽为校长，唐继尧及王九龄为名誉校长。董泽曾留学日本及美国，留学期间，曾两度辍学回国投身辛亥革命和云南发起的护国运动。他不仅在教育管理中有所建树，后来在云南的经济建设中也起到了举足轻重的作用。

Alors que l'éducation nationale fit de grands progrès, l'éducation au Yunnan connut également beaucoup d'avancées. Après le départ de Hsiung Ching-lai, Tang Jiyao reprit le contrôle du pouvoir militaire et politique de la province du Yunnan. La première université de la province du Yunnan "l'Université privée de Donglu" fut fondée en 1922. Dong Ze fut le président, et Tang Jiyao et Wang Jiuling furent présidents d'honneur. Dong Ze avait étudié au Japon et à l'Université Columbia aux États-Unis. Au cours de ses séjours à l'étranger, il retourna en Chine à deux reprises pour participer à la Révolution de 1911 et au Mouvement de protection nationale initié par le Yunnan.

While national education has made great progress, education in Yunnan has also made great strides. After Hsiung Ching-lai's departure, Tang Jiyao regained control of military and political power in Yunnan Province. The first university in Yunnan province "Donglu Private University" was founded in 1922. Dong Ze was the president, and Tang Jiyao and Wang Jiuling were honorary presidents. Dong Ze had studied in Japan and the United States. During his stays abroad, he returned to China twice to participate in the 1911 Revolution and the National Protection Movement initiated by Yunnan.

077

1923 年 4 月 20 日，东陆大学举行会泽院奠基暨开学典礼。1924 年，在云南贡院旧址上建成的气势磅礴的会泽院成为云南第一所大学——东陆大学的标志性建筑。董泽为东陆大学首任校长，任职 8 年，华秀升及何瑶是其后的两任校长；经过这 3 位校长的苦心经营，奠定了这所西南边疆高等学校的基础。到 1937 年，学校有文法、理工 2 个学院，设有教育、法律、政治经济、中国文学、数理、采矿冶金、土木工程共 7 个系和 1 个医学专修科。

Le 20 avril 1923, l'Université de Donglu organisa la cérémonie d'ouverture. La majestueuse cour Huize construite sur le site du Yunnan Gongyuan devenua le symbole de la première université de la province du Yunnan. Dong Ze fut président de l'université pendant 8 ans, et Hua Xiusheng et He Yao furent les deux présidents suivants. Grâce à la gestion brillante de ces trois directeurs, la fondation de ce collège d'enseignement supérieur de la frontière sud-ouest fut solidement posée. L'école disposa de deux facultés de grammaire et de sciences et d'ingénierie, avec sept départements et une spécialité médicale.

On April 20, 1923, Donglu University held the opening ceremony. The majestic Huize Court built on the site of Yunnan Gongyuan became the symbol of the first university in Yunnan province. Dong Ze was president of the university for 8 years, and Hua Xiusheng and He Yao were the next two presidents. Thanks to the brilliant management of these three principals, the foundation of this college of higher learning on the southwestern frontier was firmly laid. The school had two faculties of grammar and science and engineering, with seven departments and a medical specialty.

079

1927年唐继尧病逝。1928年龙云被国民政府任命为云南省主席。1930年，龙云将私立东陆大学改组为省立，1934年更名为云南省立云南大学。云南省政府一些要员及知名人士如张邦翰、缪云台、龚自知等人纷纷向他举荐熊庆来出任校长。龙云的续弦妻子顾映秋也极为推崇熊庆来的人品及学问……对熊庆来的了解日深后，龙云做了决定：云南大学校长非熊庆来莫属。

En 1927 Tang Jiyao décéda et Long Yun fut nommé président de la province du Yunnan par le gouvernement en 1928. En 1930, Long Yun changa l'université privée de Donglu en école publique, et l'école fut rebaptisée Université du Yunnan. De nombreux responsables importants du gouvernement recommandèrent Hsiung Ching-lai comme directeur de l'université. Même l'épouse de Long Yun, Gu Yingqiu, qui connaissait Hsiung Ching-lai pendant ses études à Pékin, fit également l'éloge du caractère et des connaissances de Hsiung Ching-lai... Après en avoir appris davantage sur Hsiung Ching-lai, Long Yun prit une décision: "Le nouveau président de l'Université du Yunnan sera Hsiung Ching-lai."

In 1927 Tang Jiyao died, and Long Yun was appointed president of Yunnan province by the government in 1928. In 1930, Long Yun changed Donglu Private University to a public school, and the school was renamed Yunnan University in 1934. Many important government officials recommended Hsiung Ching-lai as director of the university. Even Long Yun's wife, Gu Yingqiu, also praised Hsiung Ching-lai's character and knowledge... After learning more about Hsiung Ching-lai, Long Yun took a decision: "The new president of Yunnan University will be Hsiung Ching-lai."

081

1937 年 5 月，龙云通过电报向熊庆来发出聘请他出任云南大学校长的邀请。收到电报时的熊庆来在清华的事业正如日中天。但龙云的数次来电，表达了他办好云南大学的决心和邀请熊庆来出任云南大学校长的诚意。最终，长期以来一直关心着故乡教育事业的熊庆来下定决心，离开清华优裕的环境，到当时较落后而闭塞的云南促进高等教育事业的发展。但清华大学并不愿让熊庆来离开清华，为此，1937 年 6 月，熊庆来向梅贻琦校长请假，只身离开北平。

En mai 1937, Long Yun envoya par télégramme à Hsiung Ching-lai pour l'inviter a prendre le poste de président de l'Université du Yunnan. La carrière de Hsiung Ching-lai à Tsinghua battit son plein quand il reçut le télégramme Longyun. Long Yun le rappela de nombreuses reprises pour insister sur son invitation. Hsiung Ching-lai decida finalement de quitter l'environnement aisé de Tsinghua, et d'aller dans la province de Yunnan pour promouvoir l'enseignement supérieur. Cependant, l'Université de Tsinghua ne accepta pas le démission de Hsiung Ching-lai. En juin 1937, Hsiung Ching-lai demanda de prendre un peu de congé et quitta Pékin pour descendre discrètement à Kunming.

In May 1937, Long Yun sent a telegram to Hsiung Ching-lai to invite him to take the post of president of Yunnan University. Hsiung Ching-lai's career in Tsinghua was in full swing when he received Long Yun's telegram. Long Yun called him back many times to insist on his invitation. Hsiung Ching-lai finally decided to leave the affluent environment of Tsinghua, and go to Yunnan Province to promote higher education. However, Tsinghua University did not accept Hsiung Ching-lai's resignation. In June 1937, Hsiung Ching-lai asked to take some time off and left Beijing to quietly go down to Kunming.

083

然而，在熊庆来还未到达昆明时，1937年7月7日，日本全面入侵中国，爆发了震惊中外的"卢沟桥事变"。值得庆幸的是，1936年12月"西安事变"后，第二次国共合作，抗日民族统一战线逐步建立，全国上下团结抗击日本侵略者成为中国人民的共同愿望。

Cependant, avant l'arrivée de Hsiung Ching-lai à Kunming, le 7 juillet 1937, " l'incident du pont de Lugou " éclata et le Japon envahit la Chine massivement. Heureusement, après " l'incident de Xi'an " en décembre 1936, la deuxième coopération entre le Parti démocrate et le Parti communiste se mit en place. Le front uni national anti-japonais s'établit progressivement.

However, before Hsiung Ching-lai arrived in Kunming on July 7, 1937, the "Lugou Bridge Incident" broke out and Japan invaded China massively. Fortunately, after the "Xi'an Incident" in December 1936, the second cooperation between the Democratic Party and the Communist Party took place. The anti-Japanese national united front is gradually established.

085

熊庆来于 1937 年 7 月 15 日抵达昆明，7 月 17 日与龙云会面。龙云及云南父老的诚意深深打动了熊庆来，他决心在云南大学校长这个岗位上竭尽全力。熊庆来建议龙云报请国民政府让省立云南大学成为国立大学，并且向龙云提出"约法三章"：第一，大学校务省政府不加干涉；第二，校内用人、行政全权由校长处理；第三，学生不得凭"条子"入学，一律经过严格的考试录取。

Hsiung Ching-lai arriva à Kunming le 15 juillet 1937 et rencontra Long Yun le 17 juillet. La sincérité de Long Yun et de ses compatriotes du Yunnan profondément émut Hsiung Ching-lai. Il decida d'accepter le poste et il était déterminé à faire de son mieux. Hsiung Ching-lai suggéra à Long Yun de demander auprès du gouvernement de changer l'Université provinciale du Yunnan en l'Université nationale du Yunnan. Puis il proposa trois conditions du contrat: "1. Le gouvernement provincial n'interfère pas à la gestion de l'université; 2. L'emploi et l'autorité administrative reviennent à l'université 3. Les étudiants ne sont pas admis sur la base de "Recommandation" et mais uniquement selon les résultats des examens de sélection".

Hsiung Ching-lai arrived in Kunming on July 15 in 1937 and met Long Yun on July 17. The sincerity of Long Yun and his Yunnan compatriots deeply moved Hsiung Ching-lai. He decided to take the job and he was determined to do his best. Hsiung Ching-lai suggested Long Yun ask the government to change Yunnan Provincial University to Yunnan National University. Then he proposed three conditions of the contract: "1. The provincial government does not interfere in the management of the university; 2. Employment and administrative authority rests with the university 3. Students are not admitted on the basis of 'Recommendation' and only according to the results of the selection examinations".

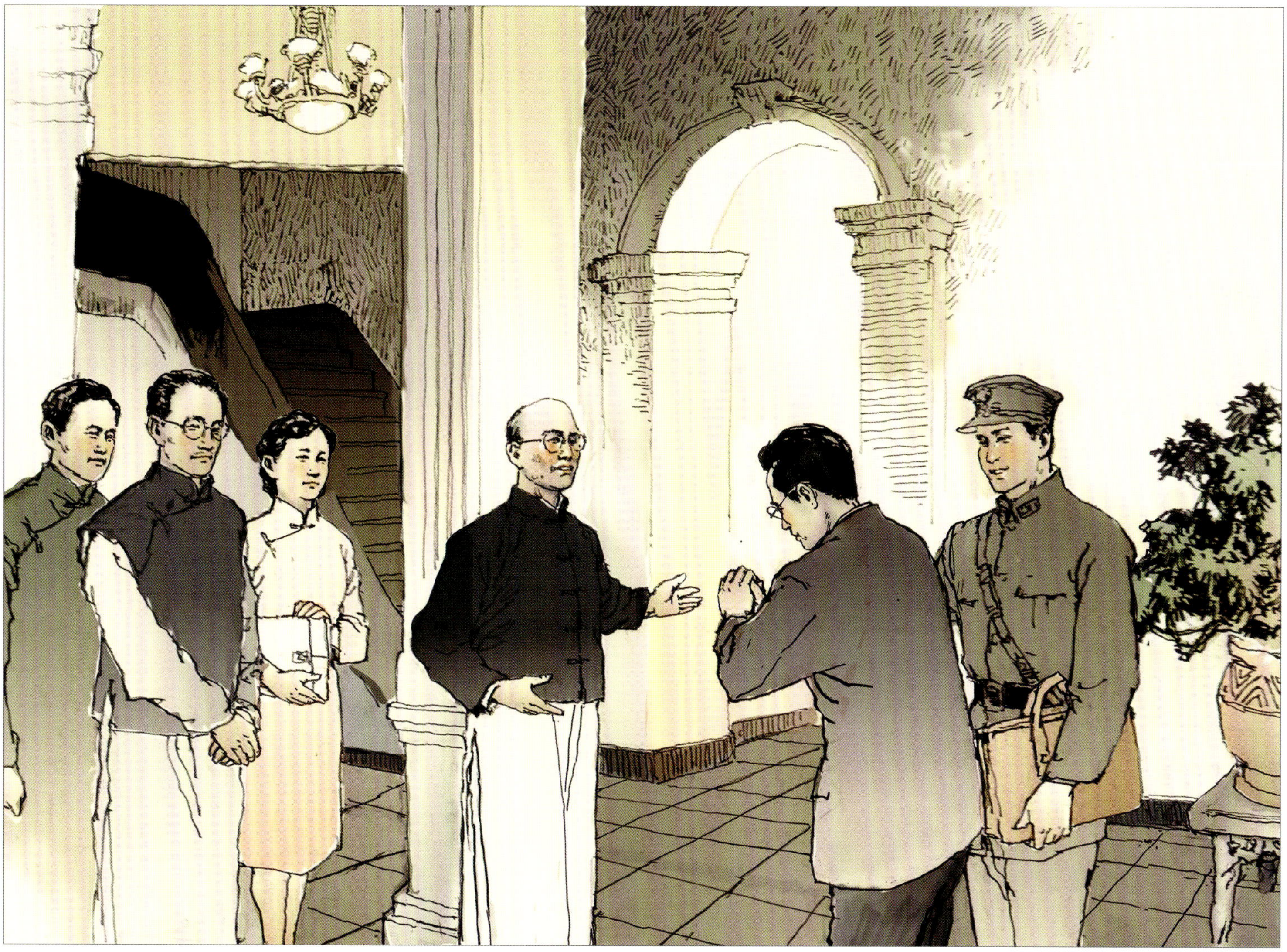

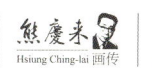

1937年8月1日，熊庆来正式到云南大学上任。到任后，他对唐继尧及前三任校长为学校奠定的"不拔之基"表示由衷的敬意。他决心不但要使云南大学原有的学科获得巩固和发展，而且要努力组建、创办新的学科，让云南大学在自然科学门类上能与西方先进国家的大学基本持平。熊庆来一到任就全力投入了工作，而他的妻子和孩子们则在这一年的年底从沦陷的北平，历尽千辛万苦才到达昆明。

Le 1er août 1937, Hsiung Ching-lai prit officiellement ses fonctions à l'Université du Yunnan. Dès son entrée en fonction, il exprima son respect sincère à Tang Jiyao et aux trois précédents directeurs. Il décida de consolider les disciplines existantes de l'Université, et aussi d'établir de nouvelles disciplines d'ingénierie, afin que l'Université du Yunnan puisse s'aligner aux universités des pays occidentaux avancés dans le domaine des sciences naturelles. Hsiung Ching-lai se mit au travail dès son arrivée. Alors que sa femme et ses enfants arrivèrent à Kunming que plusieurs mois après à cause de l'occupation du Japon au nord de la Chine.

On August 1, 1937, Hsiung Ching-lai officially took office at Yunnan University. As soon as he took office, he expressed his sincere respect to Tang Jiyao and the three previous directors. He decided to consolidate the existing disciplines of the University, and also to establish new engineering disciplines, so that Yunnan University could align itself with the universities of advanced Western countries in the field of natural sciences. Hsiung Ching-lai set to work as soon as he arrived. While his wife and children arrived in Kunming several months later due to Japan's occupation of northern China.

089

熊庆来与龙云之约,两人均一一做到了。龙云执政期间,不但学校的办学经费得到保障,他还多次以个人名义捐赠资金助学。他的夫人顾映秋女士捐款建设的女生宿舍——"映秋院"由著名的建筑学家梁思成、林徽因夫妇设计后建成。"映秋院"及后来的云南省主席卢汉夫人捐款资助建设的女生食堂"泽清堂"至今仍是云南大学一景。

Hsiung Ching-lai et Long Yun parvinrent à tenir les engagements qu'ils s'étaient donnés mutuellement. Pendant l'administration de Long Yun, non seulement le financement de l'école fut toujours garanti, mais il fit également des dons personnels pour aider les étudiants. La résidence universitaires pour étudiantes "Yingqiuyuan" construite grâce aux dons de sa femme, Mme Gu Yingqiu, fut conçu par les célèbres architectes Liang Sicheng et Lin Huiyin. La résidence "Yingqiuyuan" et la cantine "Zeqingtang", dont la construction furent financée par l'épouse du président de la province du Yunnan Lu Han, sont toujours utilisées de nos jours.

Hsiung Ching-lai and Long Yun managed to keep the commitments they had given each other. During Long Yun's administration, not only was the school's funding always guaranteed, but he also made personal donations to help students. The "Yingqiuyuan" student hall of residence built with donations from his wife, Ms. Gu Yingqiu, was designed by famous architects Liang Sicheng and Lin Huiyin. The "Yingqiuyuan" residence and the "Zeqingtang" canteen, whose construction was financed by the wife of the later chairman of Yunnan province Lu Han, are still in use today.

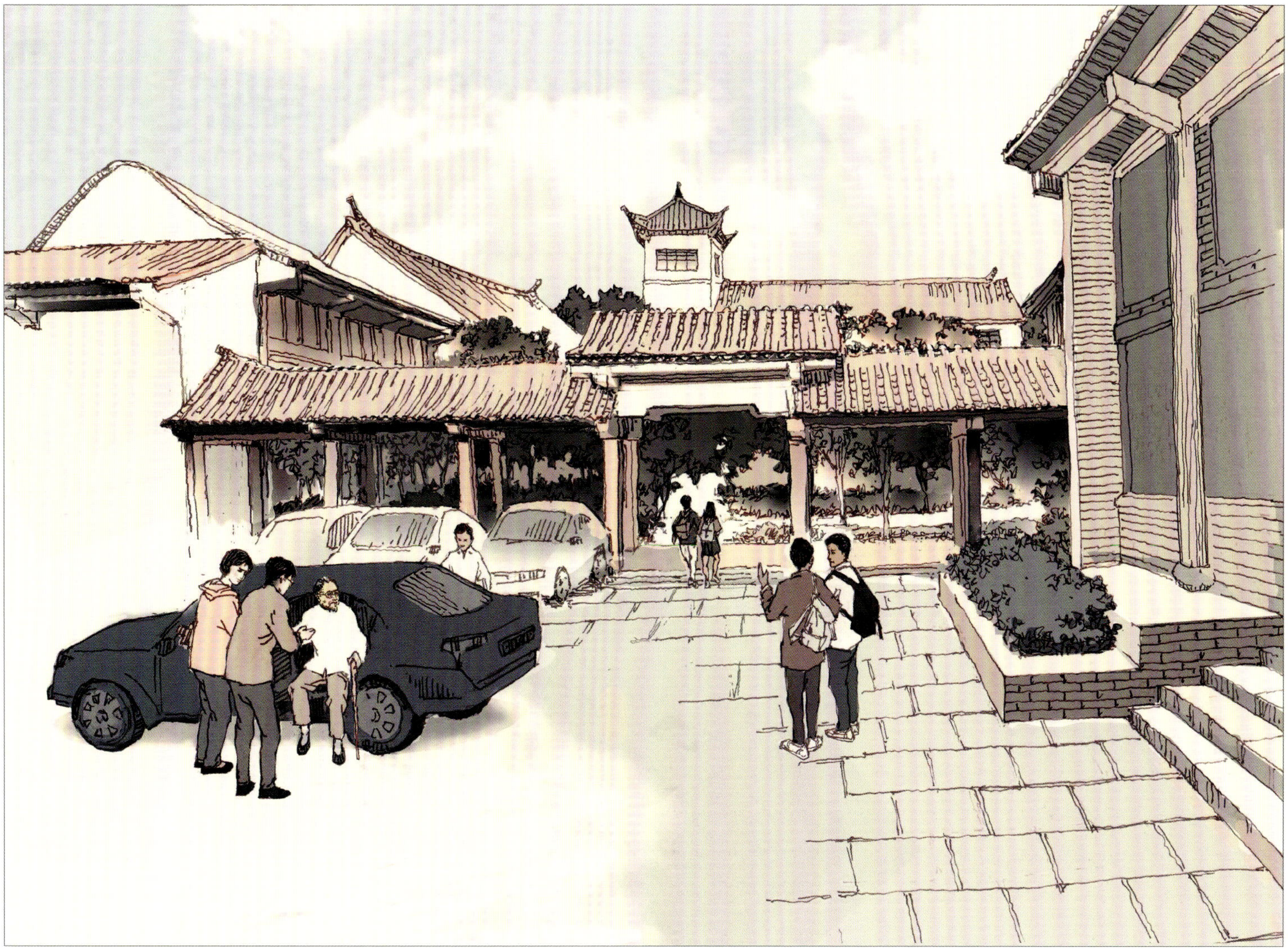

熊庆来提出，办好云南大学，确立科学强国之精神，应聘请学问深邃、经验宏富者作为教学和学术研究的骨干。经过1年多的努力，1938年，学校教授增加到130余人。这其中包括当时著名的物理学家赵忠尧、数学家何鲁、经济学家肖遽、文史学家楚图南、文学家闻在宥、历史学家顾颉刚、社会学家吴文藻等人。还有海归学者费孝通、吕叔湘、杨春洲等人。当时的少壮英才如吴晗、彭桓武等人也进了云南大学。

Hsiung Ching-lai a proposé que pour bien gérer l'Université du Yunnan et établir l'esprit d'une puissance scientifique, des personnes ayant une connaissance approfondie et une riche expérience soient embauchées comme épine dorsale de l'enseignement et de la recherche universitaire. Après plus de 1 an d'efforts, en 1938, le nombre de professeurs est passé à plus de 130. Ceux-ci comprenaient le célèbre physicien Zhao Zhongyao, le mathématicien He Lu, l'économiste Xiao Yan, l'historien littéraire Chu Tunan, l'érudit littéraire Wen Zaiyou, l'historien Gu Jiegang, le sociologue Wu Wenzao et d'autres. Il y a aussi les érudits rapatriés Fei Xiaotong, Lu Shuxiang, Yang Chunzhou et d'autres. À cette époque, de jeunes talents tels que Wu Han, Peng Huanwu et d'autres sont également entrés à l'Université du Yunnan.

Hsiung Ching-lai insisted on recruiting people with in-depth knowledge and experience in teaching and academic research. A year after taking office, the number of professors reached more than 130. Among the teachers, they included famous physicist Zhao Zhongyao, mathematician He Lu, economist Xiao Jun, literary historian Chu Tunan, writer Wen Zaiyou, historian Gu Jiegang, sociologist Wu Wenzao, researcher Fei Xiaotong, Lü Shuxiang, Yang Chunzhou and many others. At this time, young talents such as Wu Han, Peng Huanwu and others also entered Yunnan University.

093

云南是边疆省份，医疗卫生条件差。熊庆来决心在云大原有的医学专修科的基础上创立医学院。他到云南大学任职后见到了他第二次赴法时认识的范秉哲。范秉哲 1933 年获得法国里昂大学医学博士学位，1935 年回国来到云南，成为滇越铁路上唯一的外科医生。后在昆明甘美医院从业，并兼任云南省政府医药卫生顾问。熊庆来力邀范秉哲到云大主持筹建医学院。在熊庆来及范秉哲的努力下，1937 年 9 月 16 日，云大医学院正式成立，范秉哲任医学院院长。

A l'époque, Yunnan était une province loin des grandes villes avec de mauvaises conditions médicales et sanitaires. Hsiung Ching-lai décida de créer un département de médecine basée sur le section médicale existante de l'université. Arrivé à Kunming, il rencontra Fan Bingzhe dont il avait fait connaissance lors de son deuxième séjour en France.Fan Bingzhe avait obtenu un doctorat en médecine de l'Université de Lyon en 1933. Il revint en Chine en 1935 et rejoignit une équipe médicale qui servit sur la ligne ferroviaire Yunnan-Vietnam. Il travailla ensuite à l'hôpital de Kunming Ganmei et fut le consultant médical et sanitaire du gouvernement provincial du Yunnan. Il rejoignit QinglaHsiung pour présider la préparation du département de médecine. Le département de médecine de l'Université de Yunda fut officiellement créé le 16 septembre 1937 et Fan Bingzhe fut le doyen de la faculté de médecine.

At the time, Yunnan was a province far from the big cities with poor medical and sanitary conditions. Hsiung Ching-lai decided to create a department of medicine based on the existing medical section of the university. Arrived in Kunming, he met Fan Bingzhe whom he had met during his second stay in France. Fan Bingzhe had obtained a doctorate in medicine from the University of Lyon in 1933. He returned to China in 1935 and joined a medical team which served on the Yunnan-Vietnam railway line. He then worked at Kunming Ganmei Hospital and was the medical and health consultant for the Yunnan provincial government. He joined Hsiung Ching-lai to preside over the preparation of the medical department. Yunnan University Department of Medicine was officially established on September 16, 1937, and Fan Bingzhe served as the dean of the medical faculty.

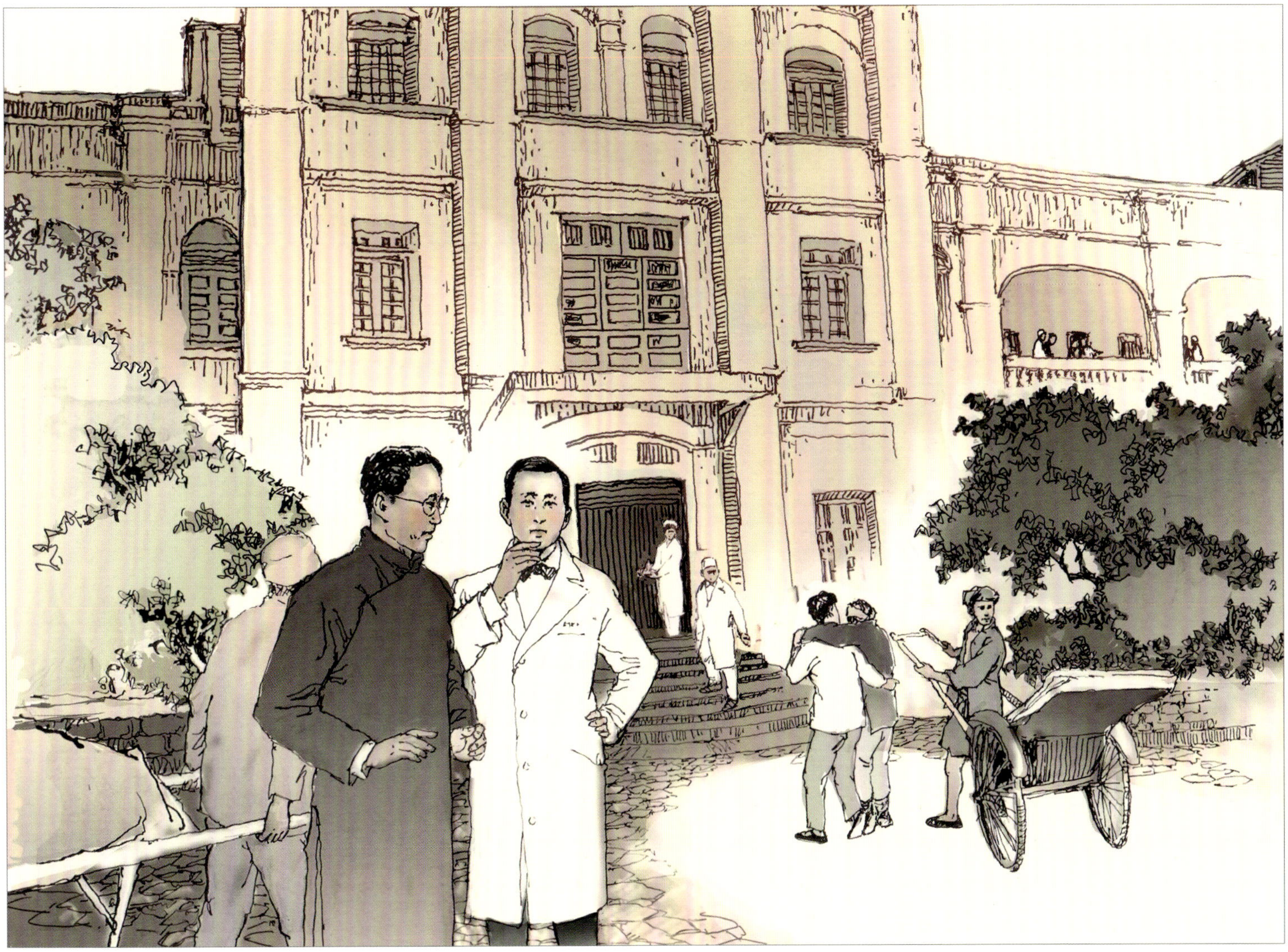

范秉哲又联络了留学归来的杜棻、姚碧澄等人。一时间，云大医学院云集了众多海归人才，副院长姚碧澄就是从巴黎大学医学院毕业归来的，他们共同开创了云南省医学高等教育的新局面。为能对抗战做出贡献，医学院师生不但努力教学和学习，还参加战地救护训练，部分教员和学生编成3个医疗队，轮流前往驻昆明的第一集团军等部队驻地进行医疗服务，若遇战事则3队一同前往。

Par la suite, Fan Bingzhe contacta Du Fen, Yao Bicheng et d'autres chercheurs qui étaient revenus de la France. Le Yunda Medical College rassembla à cette époque-là de nombreux médecins rapatriés. Le vice-doyen Yao Bicheng était diplômé de l'École de médecine de l'Université de Paris. Pendant cette période de guerre contre le Japon, les enseignants et les étudiants du département de médecine avaient activement participé aux soins sur le terrain tout en continuant la formation à l'université.

Later on, Fan Bingzhe contacted Du Fen, Yao Bicheng and other scholars who had returned from abroad. The Yunnan University Department of Medicine gathered at that time many repatriated doctors. Vice Dean Yao Bicheng was a graduate of the University of Paris School of Medicine. During this period of war against Japan, the teachers and students of the Department of Medicine had actively participated in field care while continuing training at the university.

097

医学院成立3年后，熊庆来、范秉哲、姚碧澄等期望建立一个能为学生临床实习服务、也为广大市民服务的医院。在战时经费极其困难的情况下，3人多方奔走呼吁筹集经费，在社会各界的积极支持下，云大医院在毗邻学校的北门街外成立，医院公告宣布："一切费用，概照公、私立医院规定数目的六折收费。"医院还设立了面向贫寒病人的免费病床。现在的昆明医科大学第一附属医院就是从当年云大医院的基础上发展起来的。

Afin de mieux soutenir la Chine pendant la guerre, trois ans après la création du département de médecine, Hsiung Ching-lai, Fan Bingzhe, Yao Bicheng parvinrent à créer l'Hôpital Yunda qui se trouva sur la rue Beimen à côté de l'université. L'Hôpital Yunda pratiqua des frais 40% plus bas que celui des hôpitaux classiques et il fournit des lits gratuits aux patients pauvres. Cet hôpital devint plus tard Le premier hôpital affilié de l'Université médicale de Kunming qui est toujours en service de nos jours.

In order to better support China during the war, three years after the establishment of the Department of Medicine, Hsiung Ching-lai, Fan Bingzhe, and Yao Bicheng succeeded in establishing the Yunda Hospital which was on Beimen Street next to the university. Yunda Hospital charges 40% less than conventional hospitals and provides free beds to poor patients. This hospital later became the First Affiliated Hospital of Kunming Medical University which is still in operation today.

云大医院

日本对中国的侵略给中华民族带来深重灾难。"七七事变"后,知识界曾有一种观点,认为再无暇顾及教育、学术的发展,应当"全民武装,以谋抗战"。但熊庆来认为"全民武装"过于偏激,大学应担负起"共同延续我国学术之生命,而树立我民族复兴之基础"的责任。这也是他在后来极度艰难的条件下,领导云南大学在战火中不断发展壮大的精神支柱。

L'invasion du Japon provoqua de graves dégâts en Chine. Après " l'incident du 7 juillet ", l'opinion générale dans les cercles intellectuels était qu'il n'y avait pas le temps de prendre en l'éducation, tout le peuple devrait être en priorité " armé pour combattre ". Cependant, Hsiung Ching-lai estima que "tout peuple armé" était trop extrême et que les universités devraient continuer à assurer la responsabilité de l'éducation en priorité. C'est ainsi que l'Université du Yunnan continua à se développer et à grandir dans les flammes de la guerre.

The invasion of Japan caused serious damage in China. After the "July 7 Incident", the general opinion in intellectual circles was that there was no time for education, and all people should be "armed to fight" first. However, Hsiung Ching-lai felt that "all armed people" was too extreme and that universities should continue to take responsibility for education as a priority. This is how Yunnan University continued to develop and grow in the flames of war.

101

为了营造积极的校园文化，熊庆来为云大校歌作词。校歌的演唱激发了师生的热情，坚定了用所学知识为抗战服务及日后为祖国的繁荣富强而奋斗的决心。战争时期，政府对教育投入有限，熊庆来一面厉行节约，一面动员云南籍教职员工将月薪打 7 折；后来，国民政府实行全国政府机关工作人员及学校教职员工薪金一律按照 7 折发放的规定。熊庆来及云南籍的教职员工在原先 7 折的基础上再打 7 折。当时大家从国家大局出发，毫无怨言。

Hsiung Ching-lai avait écrit les paroles de la chanson de l'Université de Yunnan. Les paroles contribuaient à stimuler l'enthousiasme des enseignants et des élèves pour l'enseignement, et leur détermination d'utiliser les connaissances acquises pour protéger la Chine. Pendant la guerre, le financement du gouvernement dans l'éducation était très limité. Les dépenses de l'école n'avaient du mal à joindre les deux bouts. Hsiung Ching-lai, comme tous les autres enseignants demandèrent volontairement une réduction de 30% sur leur salaire mensuel. Par la suite, le gouvernement national demanda une baisse de 30% supplémentaires sur les salaires mensuels de tous les fonctionnaires. Tenant compte de la situation nationale générale, tous les enseignants acceptèrent la baisse sans plainte.

Hsiung Ching-lai had written the lyrics for the song from Yunnan University. The lyrics helped to stimulate teachers' and students' enthusiasm for teaching, and their determination to use the knowledge gained to protect China. During the war, government funding for education was very limited. The school's expenses were struggling to make ends meet. Hsiung Ching-lai, like all the other teachers, voluntarily demanded a 30% reduction in his monthly salary. Subsequently, the national government demanded an additional 30% reduction in the monthly salaries of all civil servants. Taking into account the general national situation, all teachers accepted the reduction without complaint.

太华巍巍，拔海千寻。滇池淼淼，万山为襟。卓哉吾校，其与同高深！……

1937年"七七事变"后，我国沿海城市相继被日军攻陷，沿海路援华的战略物资被封锁。日本陆相杉山元狂妄地宣称："最多三个月就能解决中国战事。"在此前，为开辟援华战略物资陆上通道，云南省主席龙云曾向蒋介石提出修建由昆明到缅甸腊戍的滇缅公路。1937年11月，国民政府正式给龙云下令，要求行政院拨款200万元，限期1年修通滇缅公路。

Après l'incident de 7 juillet 1937, les villes côtières chinoises ont été successivement capturées par l'armée japonaise et la route le long de la côte permettant les approvisionnements pour l'armée de la résistance chinoise fut bloquée. Le Japonais Luxiang Moto Sugiyama déclara avec arrogance: "La guerre sera gagnée en trois mois au plus". Juste avant, le président de la province du Yunnan, Long Yun, avait proposé à Chiang Kai-shek de construire une route reliant la Birmanie et Kunming, qui permettrait de transférer les approvisionnements,. En novembre 1937, le gouvernement national accorda 2 millions de yuans de budget à Long Yun pour construire cette route dans un délai d'un an.

December 13, 1937, Nanjing fell to the Japanese and many residents were massacred. Then the surrounding towns successively yielded to the Japanese army and the road along the coast allowing supplies for the Chinese resistance armies was blocked. The Japanese Luxiang Moto Sugiyama arrogantly declared: "The war will be won in three months at most." Just before, the chairman of the province of Yunnan, Long Yun, had proposed to Chiang Kai-shek to build a road connecting Myanmar and Kunming, which would make it possible to transfer supplies. In November 1937, the national government granted 2 million *yuan* budget to Long Yun to build this road within one year.

中国　　　　日本

北平
天津
青岛
上海
杭州
广州

缅甸当时是英国殖民地，云南省政府委派缪云台赴缅甸协商，英方同意组织修建缅甸境内路段。滇缅公路全长1146公里，其中，昆明到下关段的411公里在1935年已由海归学者、原东陆大学土木工程系主任李炽昌教授设计修建为土路通车，但从下关到边境畹町的547公里，要穿越高黎贡山及怒江等艰险地段，国际上普遍认为全线打通至少要3年。但龙云对滇西28个县下达筑路任务书，严令按期完成。

Le Myanmar était une colonie britannique à l'époque, et le gouvernement provincial du Yunnan envoya Miao Yuntai au Myanmar pour des négociations, et les Britanniques avait accepté d'organiser la construction de tronçons routiers au Myanmar. L'autoroute Yunnan-Birmanie a une longueur totale de 1146 kilomètres. Les 411 kilomètres qui relient Kunming à Xiaguan furent conçus et construits par des chercheurs rapatriés de l'étranger et il y avait également l'ancien directeur du département génie civil de l'Université de Donglu, le professeur Li Chichang. Ce tronçon fut ouvert à la circulation en 1935. En revanche, le tronçon de Xiaguan à la frontière qui mesure 547 kilomètres devrait traverser les montagnes Gaoligong et la rivière Nu. On pensait généralement qu'il faudrait au moins 3 ans pour construire toute la ligne. Cependant, Long Yun confia les travaux aux 28 comtés de l'ouest du Yunnan et leur demanda de les terminer au plus vite possible, en insistant sur la criticité dans le contexte de la guerre.

Myanmar was a British colony at the time, and the Yunnan provincial government sent Miao Yuntai to Myanmar for negotiations, and the British agreed to arrange the construction of road sections in Myanmar. The Yunnan-Myanmar highway has a total length of 1146 kilometers. The 411 kilometers that connect Kunming to Xiaguan were designed and built by researchers repatriated from abroad and there was also the former director of the civil engineering department of Donglu University, Professor Li Chichang. This section was opened to traffic in 1935. But the section from Xiaguan to the border which measures 547 kilometers should cross the Gaoligong mountains and the Nu river. It was generally thought that it would take at least 3 years to build the whole line. However, Long Yun entrusted the work to the 28 counties of western Yunnan and asked them to complete it as soon as possible, emphasizing the criticality in the context of the war.

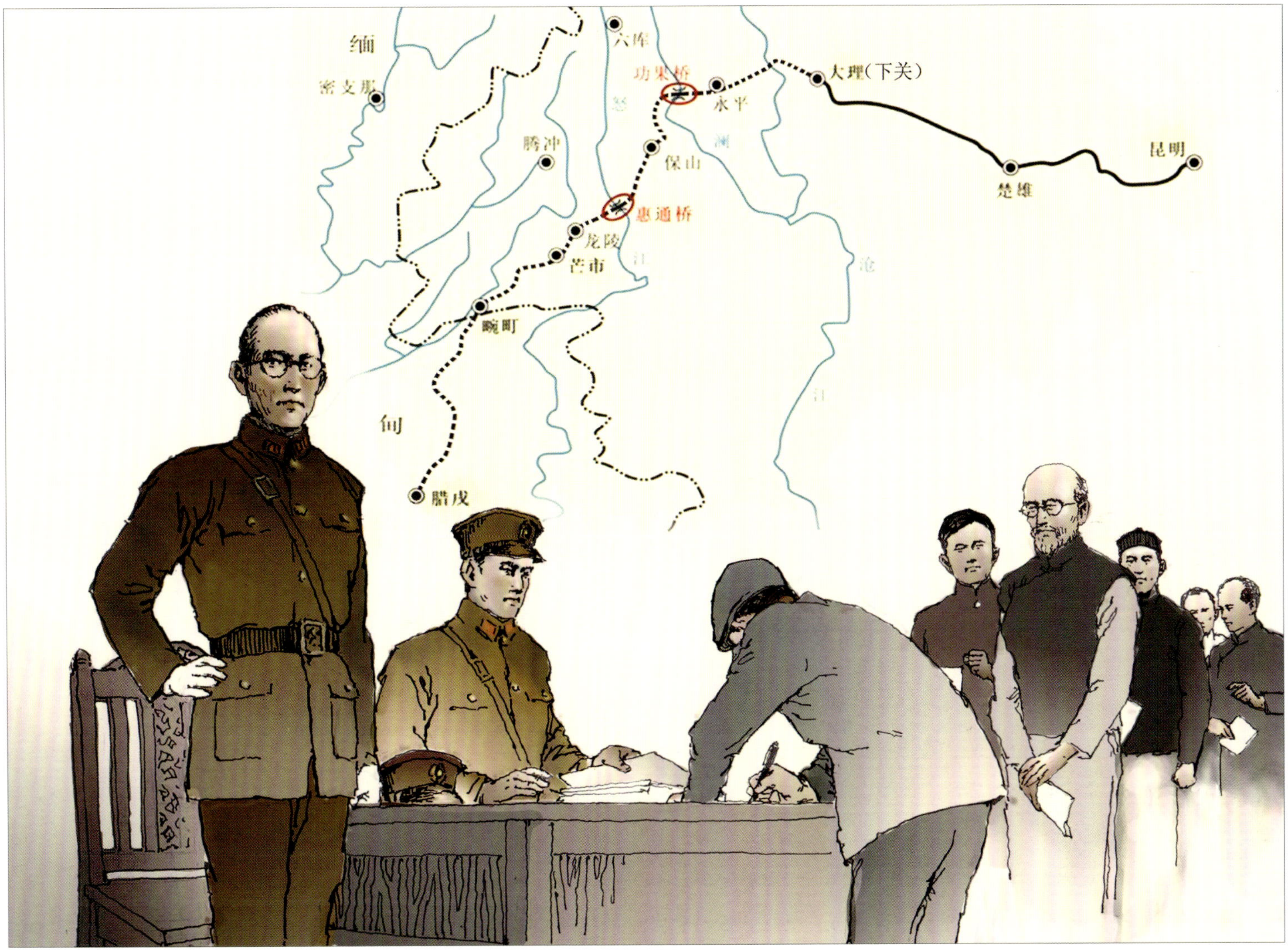
缅
六库
功果桥
大理(下关)
密支那
永平
怒
澜
腾冲
保山
昆明
楚雄
惠通桥
龙陵
江
芒市
沧
畹町
江
甸
腊戌

云南籍第一代高级土木工程师，原东陆大学教授，先后留学美国及德国的段纬主持了公路的踏勘测量、设计及施工。滇西的 20 万民众，包括大量妇女和儿童，自带口粮和工具，在高山峡谷、激流险滩之上，风餐露宿、劈石凿岩。其间因爆破、坠岩、坠江、土石重压、恶性痢疾而死去的人不计其数。不到 10 个月，云南人民用鲜血和生命铸成了这条抗战生命线。消息一出，震惊中外。英国《泰晤士报》称："只有中国才能在这样短的时间内做到。"美国驻华大使詹森奉罗斯福总统之命视察滇缅公路，回国后发表谈话："修筑滇缅路，物质条件异常缺乏。全赖沿途人民的艰苦耐劳精神，是全世界任何民族所不及的……"

Un ingénieur civil senior de première génération du Yunnan, ancien professeur Duan Wei de l'Université Donglu, qui avait étudié aux États-Unis et en Allemagne, présida la conception et la construction de la route. Les 200 000 habitants de l'ouest du Yunnan, apportaient leurs soutiens avec leurs propres rations et outils. Ils enchaînèrent et forèrent des roches dans les vallées de haute montagne. Une partie des ouvriers y avaient même laissé leur vie pendant la construction... En moins de 10 mois, la construction de la route fut achevée et elle devint par la suite la bouée de sauvetage de la guerre de résistance. Lorsque la nouvelle était sortie, même les pays étrangers furent stupéfaits de la vitesse de la construction. Le " Times " britannique déclara : " Seule la Chine peut le faire en si peu de temps. " L'ambassadeur des États-Unis en Chine, Jensen, avait reçu l'ordre du président Roosevelt d'inspecter la route de Birmanie et prononça un discours après son retour chez lui : " Pour la construction de la route de Birmanie, les conditions matérielles faisaient extrêmement défaut. Le résultat est entièrement dû à l'esprit et au travail acharné des gens le long du chemin, qui est hors de portée de n'importe quel pays dans le monde..."

A first-generation senior civil engineer from Yunnan who had studied in the United States and Germany Duan Wei, the former professor of Donglu University, presided over the design and construction of the road. The 200,000 inhabitants of western Yunnan provided support with their own rations and tools. They chained and drilled rocks in the high mountain valleys. Some of the workers had even lost their lives there during construction... In less than 10 months, the construction of the road was completed and it subsequently became the lifeline of the resistance war. When the news got out, even foreign countries were amazed at the speed of construction. The British "Times" declared: "Only China can do it in such a short time." The United States Ambassador to China, Jensen, had been ordered by President Roosevelt to inspect the Yunnan-Myanmar Road and delivered a speech after returning home: "For the construction of the Yunnan-Myanmar Road, the conditions materials were extremely lacking. The result is entirely due to the spirit and hard work of the people along the way, which is beyond the reach of any country in the world..."

109

滇缅公路是当时中国抗战的唯一陆上"输血管",但通车后国内极缺汽车司机和技工。来自南洋的 3200 名优秀华侨子弟响应爱国侨领陈嘉庚先生的号召回国支援抗战,他们中许多人是海外豪门子弟,甚至还有一些女青年。在这条抗战运输线上,回国参战的巾帼英雄李月美就是在运输途中因翻车被救后才被发现是女扮男装。

La route Yunnan-Birmanie fut très utile pendant la guerre de résistance, cependant après son ouverture à la circulation, il y avait une pénurie de conducteurs de voitures et de mécaniciens en Chine. Il y eut alors 3 200 chinois venant d'outre mer avec des compétences nécessaires qui répondaient à l'appel du chef patriotique M. Tan Kah Kee. Nombre d'entre eux étaient les enfants de nobles d'outre-mer et y compris des jeunes femmes. Sur cette route, l'héroïne Li Yuemei fut sauvée par une voiture pendant le transport à la suite à un accident. Elle s'était déguisée en homme pour venir en aide en Chine pour la guerre.

The Yunnan-Myanmar Road was very useful during the Resistance War. However after it was opened to traffic, there was a shortage of car drivers and mechanics in China. There were then 3,200 overseas Chinese with necessary skills who answered the call of the patriotic leader Mr. Tan Kah Kee. Many of them were the children of overseas nobles and including young women. On this road, the heroine Li Yuemei was saved by a car during transport following an accident. She had disguised herself as a man to help China in the war.

111

在滇缅公路修筑期间，为支援卢汉率领的滇军 60 军赴台儿庄参加会战，昆明展开了大规模的捐献活动：政府职员、学校教师、企业老板、市民乃至为人运送货物的挑夫、贫民都踊跃捐献。熊庆来在学校带头捐款，熊夫人则捐出了自己的金戒指。台儿庄战役的胜利打破了日军不可战胜的神话。滇军 60 军在禹王山阻击日本"钢军"板垣师团的反扑，立下卓著战功的消息传来时，和全体昆明市民一样，熊庆来夫妇万分激动和自豪。

Pendant cette période là, afin d'aider l'armée de Dian dirigée par Lu Han à participer à la bataille de Taierzhuang, il y eut une récolte de dons importante organisée à Kunming: les employés du gouvernement, les enseignants, les chefs d'entreprise, même les porteurs des marchandises avaient tous participé. Hsiung Ching-lai fit un don important et son épouse donna même son alliance. La victoire de la bataille de Taierzhuang brisa le mythe de l'invincibilité de l'armée japonaise. Lorsque la bonne nouvelle fut arrivée, comme tous les citoyens de Kunming, Hsiung Ching-lai et sa femme étaient fiers et fous de joix.

During this period, in order to help the army of Dian led by Lu Han to participate in the Battle of Taierzhuang, there was a collection of important donations organized in Kunming: government employees, teachers, company chiefs, even the carriers of the goods had all participated. Hsiung Ching-lai made a large donation and his wife even gave her wedding ring. The victory of the Battle of Taierzhuang broke the myth of the invincibility of the Japanese army. When the good news came, like all citizens of Kunming, Hsiung Ching-lai and his wife were proud and overjoyed.

113

在战争初期，清华、北大、南开三所大学曾搬迁至湖南长沙成立长沙临时大学。然而，日军沿长江一线的步步紧逼，迫使临时大学不得不再次搬迁。时任临时大学负责人的梅贻琦、蒋梦麟、张伯苓三人在搬迁地、搬迁路线、新学校的选址等问题上多次征求和听取熊庆来的意见，最终决定临时大学迁往昆明。1938年4月，三校师生经长途跋涉抵达昆明城，学校改称西南联合大学，这就是后来声名卓著的西南联大。

Au début de la guerre, l'Université de Tsinghua, l'Université de Pékin et l'Université de Nankai furent installées à Changsha pour former l'Université temporaire de Changsha. Cependant, l'armée japonaise faisait pression le long du fleuve Yangtze, obligeant l'université temporaire à déménager à nouveau. Mei Yiqi et Jiang Menglin, qui étaient à l'époque les directeurs de l'Université temporaire de Changsha, suivirent les conseils de Hsiung Ching-lai sur l'emplacement de la nouvelle école. En avril 1938, les enseignants et les étudiants des trois écoles arrivèrent à Kunming après un long voyage, et les écoles ensemble furent rebaptisées Southwest Associated University.

At the outbreak of the war, Tsinghua University, Peking University and Nankai University were moved to Changsha to form the temporary Changsha University. However, the Japanese army was pressing along the Yangtze River, forcing the temporary university to move again. Mei Yiqi, Jiang Menglin and Zhang Boling, who were the directors of Changsha Temporary University at the time, took Hsiung Ching-lai's advice on the location of the new school. In April 1938, teachers and students from the three schools arrived in Kunming after a long journey, and the schools together were renamed Southwest Associated University.

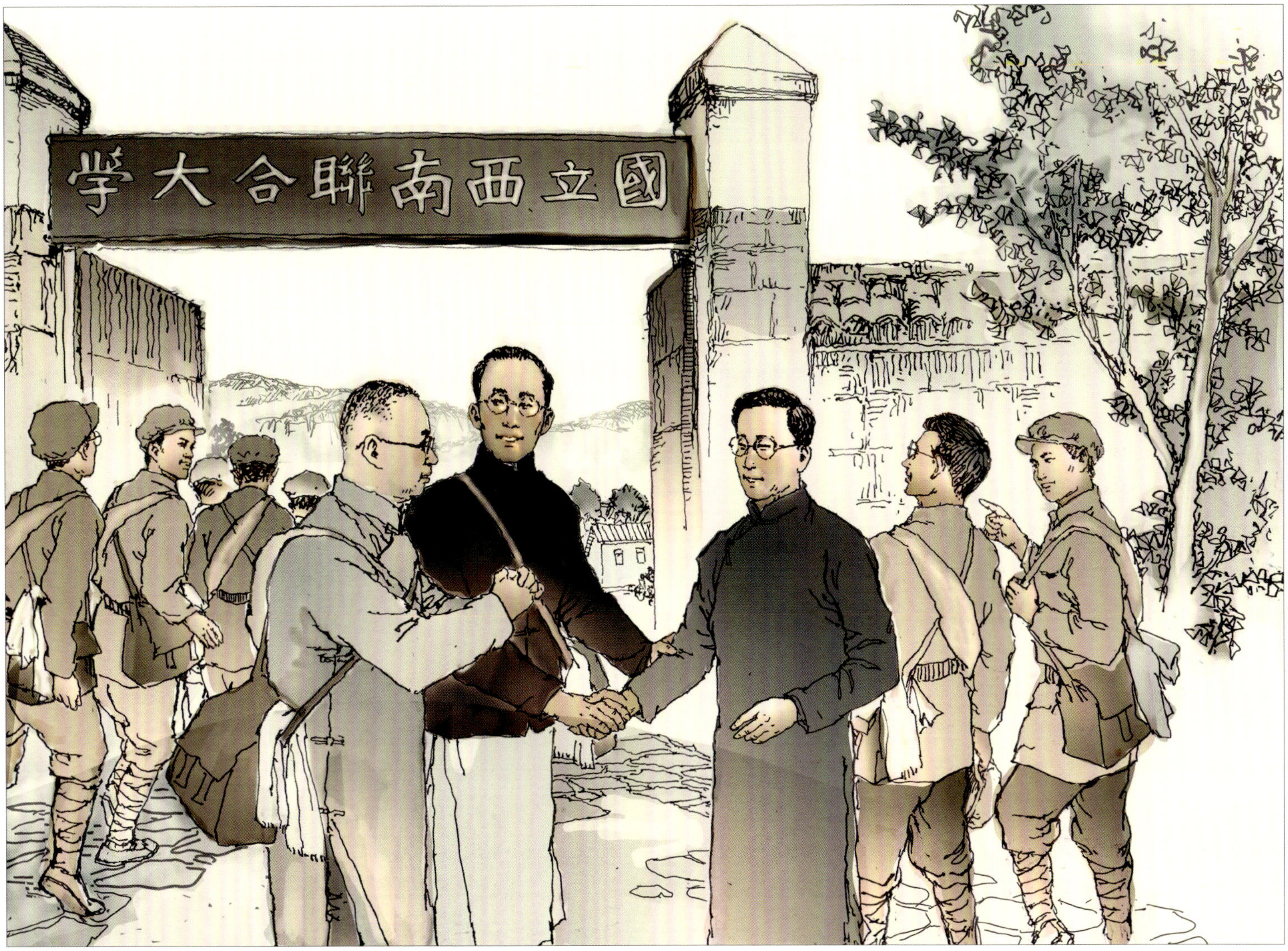
國立西南聯合大学

随着战争的进程，云南成为重要的战略后方。由于国民政府部分军政机关、重要企业、研究院所、高等院校多云集昆明，滇缅公路又是当时中国输送战略物资的唯一陆上国际通道，所以昆明及滇缅公路沿线成为日寇空袭的重点区域。在日机的疯狂轰炸及扫射下，为维持这条抗战生命线，短短三年中就有1000余名华侨司机和技工牺牲于滇缅公路。平均每一公里留下3个筑路、修路民工及1个南侨机工的英魂。

Au fur et à mesure que la guerre progressait, le Yunnan devint un arrière-plan stratégique important. Certaines institutions militaires et politiques, d'importantes entreprises, des instituts de recherche, des universités et des collèges de la République de Chine se rassemblèrent à Kunming. Comme la route Yunnan-Birmanie qui était le seul transport terrestre de matériaux stratégiques en Chine, elle devint une zone cible régulièrement bombardée par les avions japonais. Plus de 1000 conducteurs et mécaniciens chinois d'outre-mer étaient tués sur cette route. On disait que, sous chaque kilomètre de la route, il y avait les âmes de 3 travailleurs et 1 mécanicien chinois Nanyang de retour de l'étranger…

As the war progressed, Yunnan became an important strategic background. Some military and political institutions, important enterprises, research institutes, universities and colleges of the Republic of China gathered in Kunming. Like the Yunnan-Myanmar Road, which was the only land transport of strategic materials in China, it became a target area regularly bombarded by Japanese aircraft. More than 1,000 overseas Chinese drivers and mechanics were killed on this road. It was said that, under each kilometer of the road, there were the souls of 3 workers, 1 mechanic and 1 overseas chinese driver...

缅甸　　保山　大理（下关）　昆明
　　龙陵
芒市　　　　　缅　滇
畹町　　公
　　　路　中国
腊戍

日军飞机对昆明第一次疯狂轰炸是在1938年9月28日。这次空袭中，日机受到设在巫家坝的中央航空学校师生的联手阻击，被击落3架。但日军飞机向昆明市区的潘家湾、凤翥街、小西门等地投弹100多枚，炸死百姓近百人，炸毁大量房屋建筑。

Le premier bombardement important de Kunming par des avions japonais eut lieu le 28 septembre 1938. Dans cette frappe aérienne, les avions japonais furent contrés par les enseignants et les étudiants de l'école centrale d'aviation de Wujiaba, qui réussirent à abattre trois avions japonais. Cependant, des avions japonais larguèrent plus de 100 bombes sur Panjiawan, la rue Fengzhu, Xiaoximen et d'autres endroits de la zone urbaine de Kunming, tuant près de 100 civiles et détruisant un grand nombre de maisons d'habitation.

The first major bombardment of Kunming by Japanese planes took place on September 28, 1938. In this airstrike, the Japanese planes were opposed by the teachers and students of the Wujiaba Central Aviation School, who succeeded in shooting down three Japanese planes. However, Japanese planes dropped more than 100 bombs on Panjiawan, Fengzhu Street, Xiaoximen and other places in Kunming's urban area, killing nearly 100 civilians and destroying a large number of residential houses.

119

在抗战初期，虽然曾经有过被誉为"空军战神"的空军飞行员高志航率领空军战机在杭州上空对日首战的全胜纪录，但国民政府的空军战机不足 300 架，还不到日军的 1/7，几次空战后中方战机已消耗殆尽，高志航及其他飞行员大都壮烈牺牲，国民政府逐渐失去空战还手之力。之后日军飞机连续不断的狂轰滥炸让云南民众蒙受了巨大的灾难。

Au cours des premiers jours de la guerre de résistance contre le Japon, bien qu'il y ait eu un record de victoire dans la première bataille avec les chasseurs de l'armée de l'air dirigés par le pilote de l'armée Gao Zhihang, connu sous le nom de " Dieu de la guerre ", dans la première bataille contre le Japon à Hangzhou, le gouvernement national avait moins de 300 combattants de l'armée de l'air. Ce n'était même pas un septième des pilotes japonais. Après plusieurs batailles aériennes, les avions de chasse chinois étaient épuisés. Gao Zhihang et d'autres pilotes ont été tués pendant les combats. L'armée de l'air chinoise a progressivement perdu la capacité de riposter dans les batailles aériennes. Les bombardements frénétiques continus des avions japonais ont causé des dommages désastreux à la population du Yunnan.

During the early days of the war of resistance against Japan, although there was a record of victory in the first battle with the air force fighters led by the army pilot Gao Zhihang, known as the "God of War", in the first battle against Japan in Hangzhou, the national government had less than 300 air force fighters. It was not even a seventh of the Japanese pilots. After several aerial battles, the Chinese fighter planes were exhausted. Gao Zhihang and other pilots were killed during the battles. The Chinese Air Force gradually lost the ability to retaliate in air battles. Continuous frenzied bombardment by Japanese planes caused disastrous damage to the people of Yunnan.

121

在战争的烽火中，1938年7月1日，云南大学改为国立云南大学。1939年1月熊庆来补行宣誓就职仪式，有关的政府机构及教育厅官员出席，梅贻琦、李书华等多位学界知名人士应邀参加。熊庆来在誓词中说道："……余绝不妄费一钱，妄用一人，并绝不徇私舞弊及接受贿赂。"在回答记者提问时，熊庆来充分地表达他将致力于"教育救国"的信念。此后，他在云南大学校长这个岗位上，呕心沥血，殚精竭虑，奋斗了12年。

Pendant la guerre, l'Université du Yunnan changea en Université nationale du Yunnan le 1er juillet 1938. En janvier 1939, Hsiung Ching-lai compensa la cérémonie de prestation de serment. Les responsables gouvernementaux concernés, les fonctionnaires du Département de l'éducation, Mei Yiqi, Li Shuhua et de nombreuses autres célébrités y assistèrent. Hsiung déclara dans son serment que "... Il n'y aura aucun gaspillage financier; aucune pratique de favoritisme et jamais de pots-de-vin au sein de l'administration de l'Université..." En répondant aux questions des journalistes, Hsiung Ching-lai exprima pleinement sa conviction de s'engager à l'idée "l'éducation pour sauver le pays". Après cela, il travailla durement au poste de président de l'université pendant 12 ans.

During the war, Yunnan University was renamed the National University on July Ist, 1938. In January 1939, Hsiung Ching-lai compensated for the swearing-in ceremony. Relevant government officials, Education Department officials, Mei Yiqi, Li Shuhua and many other celebrities attended. Hsiung stated in his oath that "...There shall be no financial waste; no practice of favoritism and never bribery in the administration of the University..." In answering questions from journalists, Hsiung Ching-lai fully expressed his conviction to commit to the idea of "education to save the country". After that, he worked hard as president of the university for 12 years.

國立雲南大學校長
就職儀式

123

1940年是日军轰炸昆明最猖獗的一年，日寇扬言要将昆明夷为平地。国民政府教育部经过研究决定，西南联大及云南大学疏散到云南各县继续办学。这时，云南大学只有文法学院的大部分系和医学院留在原址，其余院系分别搬迁到周边各地。学校的大规模疏散搬迁是一项艰巨而复杂的工作，然而在熊庆来和相关负责人的严谨组织和全校师生员工的努力下，克服了经费不足、交通工具匮乏、路况不好等种种困难，不到3个月便完成了学校疏散搬迁工作。

En 1940 le bombardement de Kunming fut particulièrement intense et violent. L'armée japonaise menaça même de raser Kunming complément. Le ministère de l'Éducation du gouvernement Kuomintang décida d'évacuer l'Université vers divers comtés aux alentours du Yunnan. Seuls les départements de Droit et le département de Médecine restèrent sur le site d'origine. Malgré le manque de fonds, les moyens de transport difficiles à mettre en place et le mauvais état des routes, Hsiung Ching-lai et des responsables concernés parvinrent à terminer l'évacuation et la réinstallation de l'école en moins de trois mois.

In 1940 the bombardment of Kunming was particularly intense and violent. The Japanese army even threatened to completely raze Kunming. The Ministry of Education of the national government decided to evacuate the University to various counties around Yunnan. Only the most of Literature and Law departments and the Medicine department remained on the original site. Despite the lack of funds, difficult means of transport and poor road conditions, Hsiung Ching-lai and relevant officials managed to complete the evacuation and relocation of the school in less than three months.

125

1940年10月13日，日军轰炸的目标锁定云南大学，幸而此时学校只留有两个学院，然而至公堂、科学馆、医学院教室及实验室均被炸成废墟。但是日军的狂轰滥炸没有吓倒云南大学的师生，轰炸次日熊庆来代表全校师生通电全国，控诉日军轰炸校园的罪行，并表达师生们不屈不挠的意志："……惟全体师生经此激刺，当愈益奋励，以为我前线抗战将士之后盾而谋于建国前途有所贡献……"

Le 13 octobre 1940, la cible du bombardement japonais était fixée sur l'Université du Yunnan. Il resta encore deux départements sur place. L'amphi public, le musée des sciences, les salles de classe de l'école de médecine et les laboratoires furent entièrement détruits par le bombardement. Le lendemain du bombardement, Hsiung Ching-lai diffusa un message au nom de l'université, exprimant la volonté indomptable des enseignants et des étudiants: "Nous n'avons pas peur de la violence des envahisseurs, au contraire, nous allons travailler plus dur pour contribuer à la sauvegarde de la nation, …".

On October 13, 1940, the target of the Japanese bombardment was fixed on Yunnan University. There were still two departments on the spot. The Zhigongtang, the science museum, the classrooms of the medical school and the laboratories were completely destroyed by the bombardment. The day after the bombing, Hsiung Ching-lai broadcast a message on behalf of the university, expressing the indomitable will of teachers and students: "We are not afraid of the violence of the invaders. On the contrary, we will work harder to contribute for the safeguard of the nation, …".

127

1940 年 10 月 1 日，搬迁的院校开始在僻乡古庙里上课，莘莘学子在昏暗的油灯下苦读，吃的是粗粮素菜，睡的是潮湿漏风的陋室。然而，没有人气馁，没有人退缩。师生们怀着"抗战必胜"的信念进行着教学。在此后的三年中，每学期、每学年都坚持了正常的教学。

A partir du 1er octobre 1940, les enseignants et les élèves déplacés commencèrent les cours dans les anciens temples du village. Les étudiants étudièrent sous des lampes à huile tamisée, mangèrent des légumes et céréales trouvés sur place et dormirent dans des salles rudimentaires et humides. Cependant, personne ne se plaignait. Les enseignants et les étudiants continuèrent les cours avec la conviction que "la guerre de la résistance finira par être gagnée". Ils parvinrent à maintenir les enseignements quasi normalement trois ans durant.

From 1 October 1940, displaced teachers and students began classes in the old temples of the village. The students studied under dim oil lamps, ate vegetables and cereals found on the spot and slept in rudimentary and damp rooms. However, no one complained. Teachers and students continued with the belief that "the resistance war will eventually be won". They managed to maintain the teachings almost normally for three years.

129

在这样艰苦的条件下，学术研究仍在继续，如费孝通带领一批青年助教开展社会调查，甚至跟随马帮远行，获得许多重要成果。1943年，美国国务院文化关系司邀请中国一些大学学者访美进行学术交流，代表云大的就是费孝通教授。他的调查报告《云南三村》用英文在美国出版。著名的数学家庄圻泰教授则是在嵩明县马坊镇的一座破旧的寺庙里给学生上课，在阴暗潮湿的破屋子里写出了后来发表在法国学术刊物上的重要论文。

Malgré les conditions difficiles, les recherches universitaires se poursuivirent sérieusement. Par exemple, le professeur Fei Xiaotong guida un groupe de jeunes assistants d'enseignement à mener des enquêtes sociales. Ils suivirent un groupe de caravanes pour un voyage dans le but de réaliser des recherches dans leur disciplines, et ils parvinvent à obtenir de nombreux résultats intéressants. En 1943, le Département national des relations culturelles des Etats-Unis invita des universitaires chinois à se rendre aux Etat-Unis pour des échanges scientifiques. Le professeur Fei Xiaotong y participa en représentant l'Université de Yunnan. Son rapport d'enquête "Three Villages in Yunnan" fut par la suite traduit et publié aux États-Unis. Le mathématicien professeur Zhuang Qitai fit également des publications importantes dans des revues scientifiques françaises. Ses articles étaient écrits dans une pièce délabrée et humide d'un temple de Mafang.

Despite the difficult conditions, academic research continued in earnest. For example, Professor Fei Xiaotong guided a group of young teaching assistants to conduct social surveys. They followed a group of caravans on a journey in order to carry out research in their disciplines, and they managed to obtain many important results. In 1943, the National Department of Cultural Relations of the United States invited Chinese scholars to come to the United States for scientific exchanges. Professor Fei Xiaotong participated representing Yunnan University. His investigative report "Three Villages in Yunnan" was later translated and published in the United States. The mathematician Professor Zhuang Qitai also made important publications in French scientific journals. His articles were written in a dilapidated, damp room of a temple in Mafang.

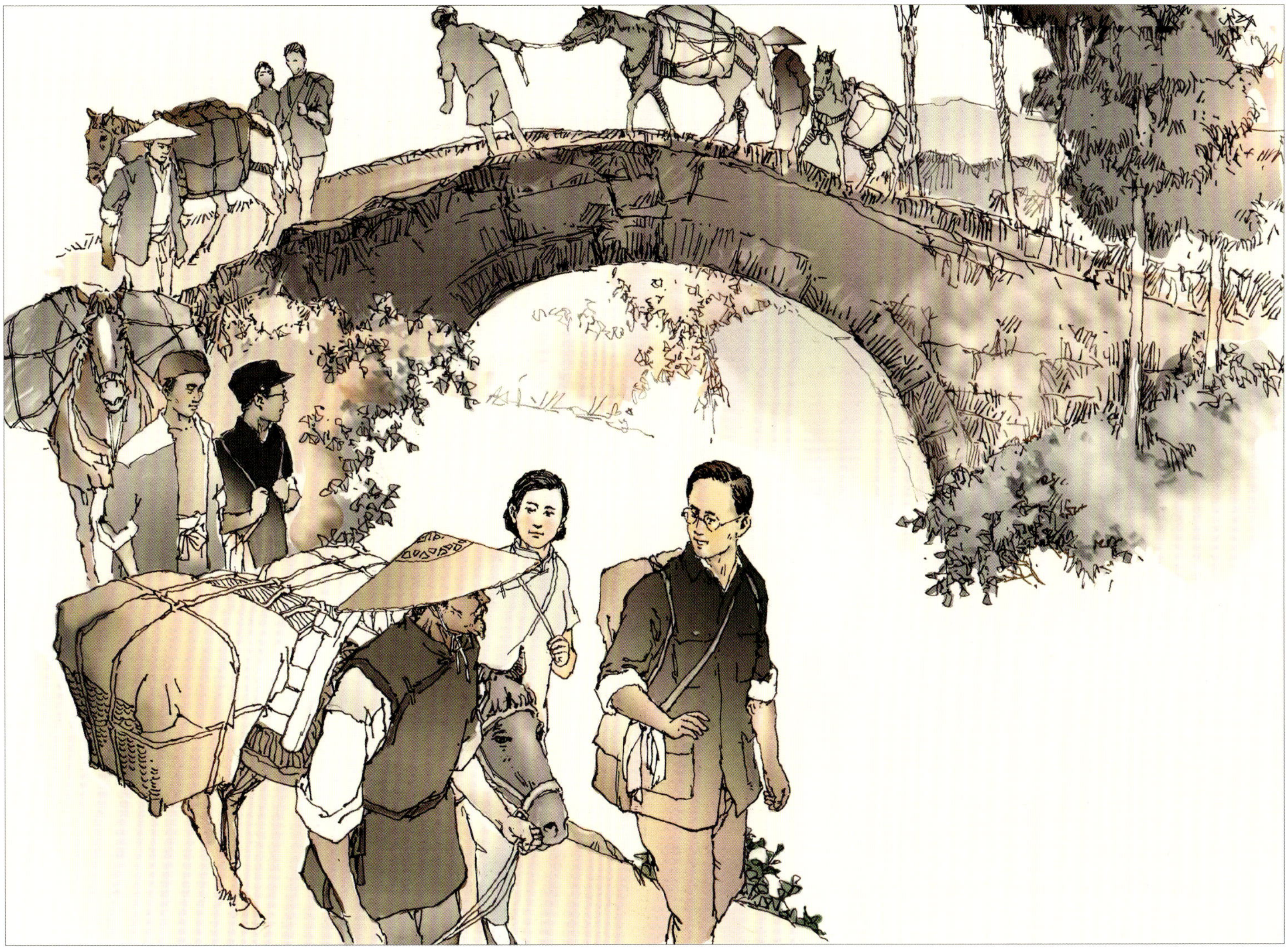

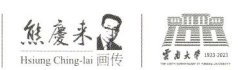

为提高教学水平，熊庆来借抗战时期大批优秀人才云集昆明之机，以聘请、兼职、讲座等方式，千方百计地集聚人才。他用英国庚款的补助聘请到名师吴文藻、赵忠尧等人，云大的基础课程几乎全由冯景兰、顾颉刚、楚图南、吴晗、严楚江等学识渊博的教授讲授。学校当时专任教授达187人之多，还有兼任教授40余人，使云大的教学水平迅速提高。

Afin d'améliorer le niveau d'enseignement, Hsiung Ching-lai profita de l'opportunité d'un grand nombre de talents exceptionnels réunis à Kunming pendant la guerre de résistance. Il embaucha des professeurs connus tels que Wu Wenzao et Zhao Zhongyao avec la subvention du British Boxer Fund. Les autres cours de base de l'Université furent dispensés par Feng Jinglan, Gu Jiegang, Chu Tunan, Wu Han, Yan Chujiang et d'autres professeurs bien connus. À cette époque, l'université comptèrent 187 professeurs à plein temps et plus de 40 professeurs à temps partiel, ce qui aida rapidement à améliorer le niveau d'enseignement de l'Université de Yunnan.

In order to improve the level of education, Hsiung Ching-lai took the opportunity of a large number of outstanding talents gathered in Kunming during the War of Resistance. He hired well-known teachers such as Wu Wenzao and Zhao Zhongyao with the grant from the British Boxer Fund. The other basic courses of the University were taught by Feng Jinglan, Gu Jiegang, Chu Tunan, Wu Han, Yan Chujiang and other well-known teachers. At that time, the university had 187 full-time professors and more than 40 part-time professors, which quickly helped to improve the teaching level of Yunnan University.

133

在战争环境中办学经费紧张，但经熊庆来的努力，学校获得中华教育文化基金会、中英庚款董事会、中法教育基金会、联合国善后救济总署等机构的补助和赠予。在设备及图书资料的购置过程中，他依靠大师把关，用年轻教师做助手，使得当时有些院系，如矿冶系、生物系、航空系，以及后来扩展后的医学院等单位所拥有的仪器设备及图书资料，在当时全国高校中处于一流水平，极大地提升了云大的教学水平和研究水平。

Dans le contexte de la guerre, le financement de l'université fut très serré, mais grâce aux efforts de Hsiung Ching-lai, l'université obtint des subventions de divers institutions comme "China Education and Culture Foundation", "le Conseil d'administration du Sino-British Geng Fund", "Sino-French Education Foundation" et "United Nations Relief and Rehabilitation Administration". Il s'était appuyé sur des professeurs compétents pour équiper les différents départements de l'université de matériels de bonne qualité, comme pour le département des mines et de la métallurgie, le département de biologie, le département de l'aviation et la faculté de médecine élargie. Les livres et les supports pédagogiques étaient également de très bonne qualité par rapport aux autres universités nationales de l'époque, ce qui favorisa grandement l'amélioration du niveau d'enseignement et de recherche de l'Université de Yunnan.

In the context of the war, the funding of the university was very tight, but thanks to the efforts of Hsiung Ching-lai, the university obtained grants from various institutions such as China Education and Culture Foundation, Council of Administration of the Sino-British Geng Fund, Sino-French Education Foundation and United Nations Relief and Rehabilitation Administration. He had relied on competent professors to equip the various departments of the university with good quality equipment, such as the department of mines and metallurgy, the department of biology, the department of aviation and the faculty of expanded medicine. The books and teaching materials were also of very good quality compared to other national universities at the time, which greatly promoted the improvement of the teaching and research level of Yunnan University.

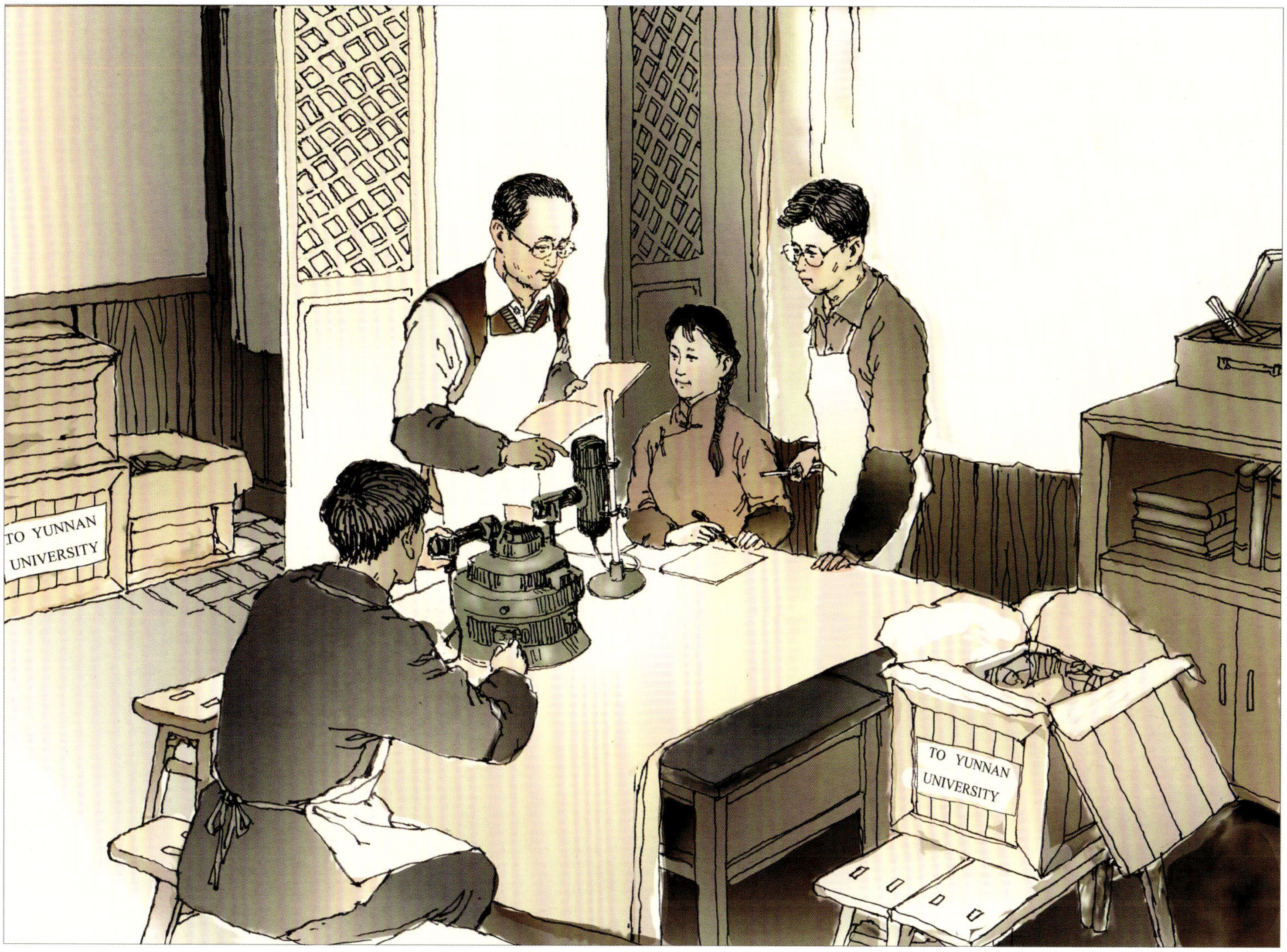
TO YUNNAN
UNIVERSITY
TO YUNNAN
UNIVERSITY

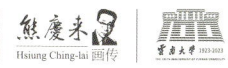

1941年，美国退役飞行教官陈纳德以私人机构名义组织的"中国空军美国志愿援华航空队"——"飞虎队"到昆明参战。"飞虎队"的参战让昆明人民遭受日机轰炸的灾难极大地减轻。为配合"飞虎队"的战斗，云南各地修建了二十多个简易机场。云南山多，平整的土地稀少而珍贵，但为了抗战胜利，百姓舍家弃业让出土地。修建机场时，靠的是民工们用绳索拖着自制的数吨重的石碾子压实、平整跑道……

En 1941, les Flying Tigers organisés par l'américain Chennault au nom d'une organisation privée, l'armée de l'air chinoise et les volontaires Aid des États-Unis à la Chine, se rendirent à Kunming. La participation des Flying Tigers réussit à contrer efficacement les bombardements des avions japonais. Afin de coopérer avec les combats des Flying Tigers, plusieurs dizaines de pistes d'atterrissage furent construites dans Yunnan. A Yunnan, il compte de nombreuses montagnes et les terres plates sont relativement rares. Cependant les villageois réussirent à en construire plusieurs en utilisant des cordes pour tirer les rouleaux de pierre fabriqués manuellement pour compacter et niveler les pistes.

In 1941, the Flying Tigers organized by the American Chennault on behalf of a private organization, the Chinese Air Force and the United States Aid volunteers to China, went to Kunming. The participation of the Flying Tigers succeeded in effectively countering the bombardments of the Japanese planes. In order to cooperate with the fighting of the Flying Tigers, several dozen airstrips were built in Yunnan. In Yunnan, there are many mountains, and flat lands are relatively rare. However, the villagers managed to build several using ropes to pull hand-crafted rollers of stone to compact and level the airstrips.

137

1941年12月7日，日本偷袭美国海军太平洋舰队基地珍珠港，次日，美国和英国对日宣战。中国的抗日战争进行了十年多以后，中国正式对日宣战，并结成以美、英、苏、中为代表的国际反法西斯同盟。1942年2月，日军为切断盟国援华物资的重要运输线——滇缅公路，向当时为英国殖民地的缅甸大举进攻。应英国政府的要求，国民政府派遣远征军十万余人入缅作战。

Le 7 décembre 1941, le Japon attaqua la base de la flotte du Pacifique de Pearl Harbor de l'US Navy. Le lendemain, les États-Unis et la Grande-Bretagne déclarèrent la guerre au Japon. Après plus de dix ans de guerre de la résistance, la Chine officiellement déclara la guerre au Japon et forma une alliance antifasciste internationale représentée par les États-Unis, la Grande-Bretagne, l'Union soviétique et la Chine. En février 1942, l'armée japonaise lança une attaque à grande échelle contre la Birmanie, qui était alors une colonie britannique, afin de couper la route Kunming-Birmanie. À la demande du gouvernement britannique, la Chine envoya plus de 100 000 soldats expéditionnaires combattre en Birmanie.

On December 7, 1941, Japan attacked the US Navy's Pearl Harbor Pacific Fleet base. The next day, the United States and Great Britain declared war on Japan. After more than ten years of war of resistance, China officially declared war on Japan and formed an international anti-fascist alliance represented by the United States, Great Britain, the Soviet Union and China. In February 1942, the Japanese army launched a full-scale attack on Myanmar, then a British colony, to cut off the Yunnan-Myanmar Road. At the request of the British government, China sent more than 100,000 expeditionary troops to fight in Myanmar.

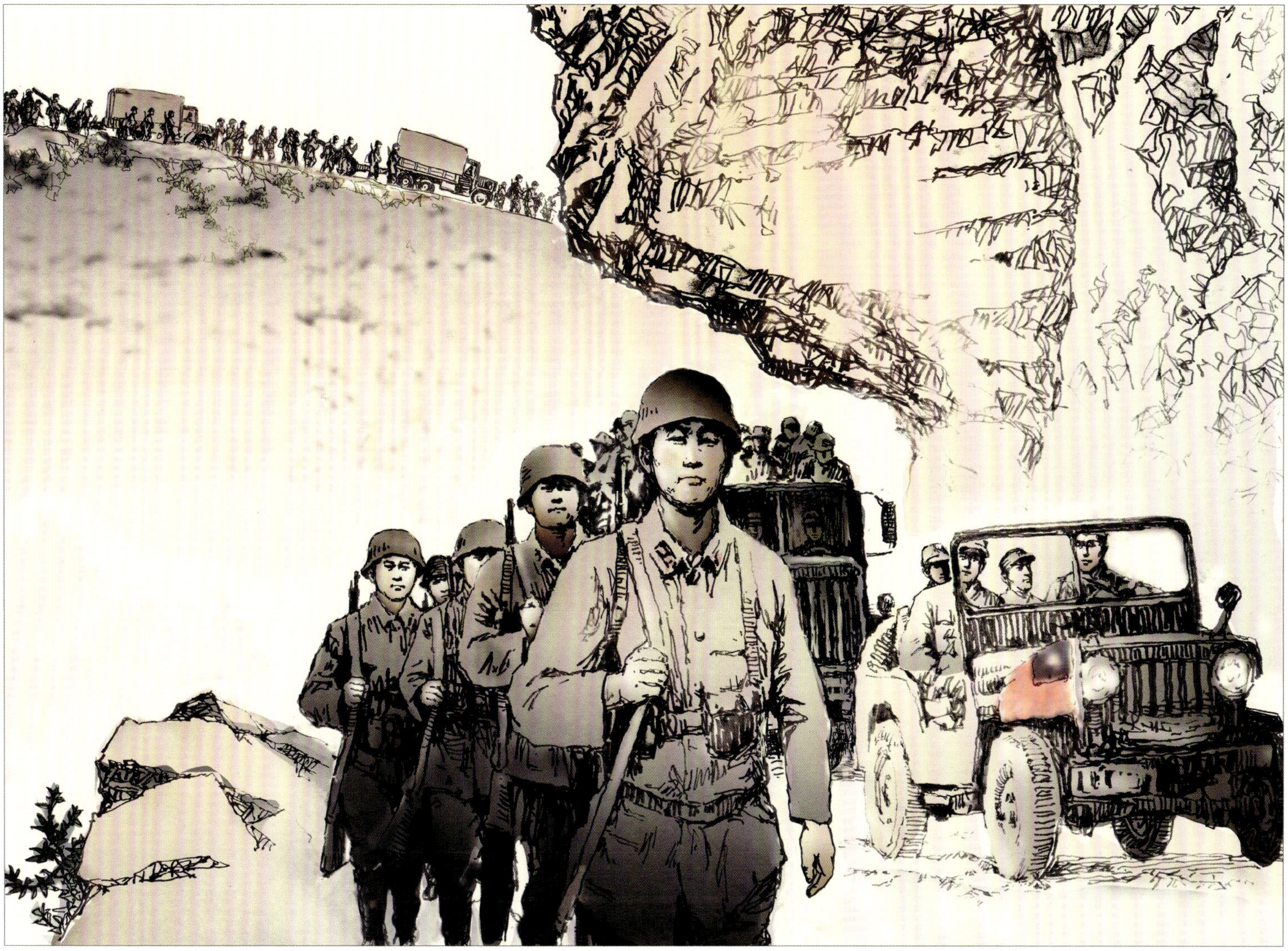

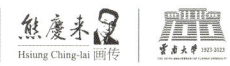

然而，中国入缅军队事实上成为英军撤入印度的掩护部队，几次商定的会战均成泡影，第一次缅甸战役失败，日军占领了云南怒江西岸的全部地区。在缅甸战场率部屡建奇功的第 5 军 200 师师长戴安澜在撤退途中不幸被枪弹击中，以身殉国。戴安澜的牺牲举国悲痛，国共两党领袖均亲撰挽词，毛泽东同志为戴安澜将军追悼会所题的挽词是："外侮需人御，将军赋采薇。师称机械化，勇夺虎罴威。浴血东瓜守，驱倭棠吉归。沙场竟殒命，壮志也无违。"他对这位抗日将领深表哀悼。

Cependant, l'armée chinoise devint en réalité la couverture de l'armée britannique qui se retirait en Inde, et plusieurs collaborations convenues furent annulées. L'armée chinoise perdit les premières batailles et les japonais parvint à occuper toute la zone sur la rive ouest de la rivière Nujiang en Yunnan. Dai Anlan, le commandant de la 200e division de la 5e armée chinoise, qui avait fait de grands exploits sur le champ de bataille birman, fut tué pendant la retraite. La mort de Dai Anlan endeuilla tout le pays. Les dirigeants du Kuomintang et du Parti communiste ont tous écrit des élégiaques pour lui. Mao Zedong écrivit pour le service commémoratif de Dai Anlan : "Les agresseurs étrangers doivent être repoussés, les champs de batailles sont imbibée de sang, même si la vie a été mis en péril, le courage et l'ambition resterons pour toujours ".

However, the Chinese army effectively became the cover for the retreating British army in India, and several agreed collaborations were cancelled. The Chinese army lost the first battles and the Japanese managed to occupy the entire area on the west bank of the Nujiang River in Yunnan. Dai Anlan, the commander of the 200th Division of the Chinese 5th Army, who had done great exploits on the Burmese battlefield, was killed during the retreat. The death of Dai Anlan mourned the whole country. Kuomintang and Communist Party leaders all wrote elegiacs for him. Mao Zedong wrote for Dai Anlan's memorial service: "Foreign aggressors must be repelled. The battlefields are soaked in blood. Even though life has been imperiled, courage and ambition will stay forever."

外侮需人御,将军赋采薇。师称机械化,勇夺虎罴威。浴血东瓜守,驱倭棠吉归。沙场竟殒命,壮志也无违。
——毛泽东

中国远征军第一次入缅作战失利后，一部分人撤往印度，其余撤退回国。撤往印度的军队后来通过美国盟军开辟的"驼峰航线"迎来了一批批新参军的中国青年，扩编为全部美式装备的12万人的大军。1943年10月，国民政府重新组建了16万余人的新远征军对日作战，中国驻印军从缅北，新远征军从怒江东岸强渡怒江，对日寇大反攻。经过浴血奋战，1945年1月27日，中国远征军与中国驻印军在缅甸芒友胜利会师，收复了滇西被日军占领的全部国土。

L'armée expéditionnaire chinoise échoua lors de la première bataille en Birmanie. Certains d'entre eux furent retirés en Inde et les autres se replièrent en Chine. L'armée japonaise occupait toutes les zones sur la rive ouest du fleuve Nu au Yunnan. Peu de temps après, l'armée qui s'était retirée en Inde arriva à avoir de nouvelles recrues avec l'aide des Alliés américains, et elle se restitua en une armée de 120 000 soldats avec des équipements modernes américains. En Chine, le gouvernement chinois réorganisa une nouvelle armée expéditionnaire de plus de 160 000 personnes. En octobre 1943, l'armée chinoise repliée en Inde s'avança depuis le nord de la Birmanie et la nouvelle armée expéditionnaire les rejoignit en traversant la rivière Nu pour contre-attaquer ensemble les japonais. Après une bataille sanglante le 27 janvier 1945, les chinois parvinrent à se réunir à Mangyou, en Birmanie, et la contre-offensive fut une réussite.

The Chinese expeditionary army failed in the first battle in Myanmar. Some of them were withdrawn to India and the others withdrew to China. Soon after, the army that had retreated to India gained new recruits with the help of the American Allies, and it reconstituted itself into an army of 120,000 soldiers with modern American equipment. In China, the Kuomintang government reorganized a new expeditionary army of over 160,000 personnel. In October 1943, the Chinese army withdrawn to India advanced from northern Myanmar and the New Expeditionary Army joined them crossing the Nu River to counterattack the Japanese together. After a bloody battle on January 27, 1945, the Chinese managed to unite in Mangyou, Myanmar, and the counter-offensive was a success.

143

抗战的关键时刻，熊庆来鼓励学生为国投笔从戎。其中，矿冶系的李维恭参军后在美军第十四航空队任翻译，随美军联络组参战。1945年5月21日，李维恭在芷江战役中不幸被炮火击中殉职。为铭记他为国捐躯的爱国主义精神，学校在会泽院东侧修建了李维恭纪念碑。熊庆来为纪念碑题词并写下挽诗一首："烽火卢沟一夕惊，同仇敌忾志成城。黉宫投却班超笔，胜利偿君不朽名。"

Au moment critique de la guerre de résistance contre le Japon, Hsiung Ching-lai encouraga les étudiants à rejoindre l'armée pour aider. Parmi les étudiants, Li Weigong rejoignit l'armée en tant qu'interprète dans la 14e Force aérienne de l'armée américaine. Le 21 mai 1945, il fut touché par des tirs d'artillerie lors de la bataille de Zhijiang et en décéda par la suite. Afin de se souvenir du patriotisme de l'étudiant décédé pour son pays, un monument à Li Weigong fut construit du côté Est de l'entrée principale de Huize Yuan de l'Université de Yunnan. Hsiung Ching-lai écrivit une inscription pour ce monument: "Le feu Lugou a choqué le pays tout entier, nous nous réunissons tous pour combattre les envahisseurs, ton courage et ton patriotisme seront admirés pour toujours…"

At the critical moment of the Resistance War against Japan, Hsiung Ching-lai encouraged students to join the army to help. Among the students, Li Weigong joined the army as an interpreter in the US Army's 14th Air Force. On May 21, 1945, he was hit by artillery fire and subsequently died in the Battle of Zhijiang. To remember the late student's patriotism for his country, a monument to Li Weigong was built on the east side of Yunnan University's Huize Yuan main entrance. Hsiung Ching-lai wrote an inscription for this monument: "The Lugou fire shocked the whole country. We all come together to fight the invaders. Your courage and patriotism will be admired forever…"

145

1945年8月15日，日本无条件投降，抗日战争胜利了！昆明人民欢天喜地，激动万分，街头巷尾鞭炮声、欢笑声、锣鼓声不绝。熊庆来一家和云大的师生们也一起共享了胜利的喜悦。此时的云南大学经历过日军的狂轰滥炸、战争的严酷考验，但她没有被摧毁，她在战火中崛起、成长壮大。1937年时她是一个只有2个学院、7个系、118名专任教师、300余学生的边陲省立大学，在经过8年的抗战洗礼后，发展建设成了一所拥有5个学院、18个系、2个专修科，文、法、理、工、医、农门类俱全，教授220多名，学生逾千，在国内外有影响的国立大学。

Le 15 août 1945, le Japon déclara avoir perdu la guerre. Le 28 septembre, le président de la province du Yunnan, Lu Han, accepta la reddition japonaise à Hanoi, au Vietnam. La guerre de résistance contre le Japon fut enfin terminée. Les habitants de Kunming étaient fous de joie. Des pétards, des gongs et des tambours furent entendus dans les rues partout dans la ville pour la célébration. La famille Hsiung Ching-lai et les enseignants et étudiants se réunissent également pour partager la joie de la victoire. À cette époque, l'Université du Yunnan avait connu les bombardements aveugles de l'armée japonaise et l'épreuve sévère de la guerre, mais elle n'avait pas été détruite. Dans 1937, c'était une université provinciale frontalière avec seulement 2 collèges, 7 départements, 118 enseignants et environ 300 étudiants. Après 8 ans de guerre anti-japonaise, il se fut pourtant développé en une université avec 5 collèges, 18 départements et 2 disciplines spécialisées, couvrant la littérature, le droit, la science, l'ingénierie, la médecine et l'agriculture, avec plus de 220 professeurs et plus de 1000 étudiants. Elle devint l'une des universités nationales influentes au pays et à l'étranger.

On August 15, 1945, Japan declared that it had lost the war. The war of resistance against Japan was finally over. The people of Kunming were overjoyed. Firecrackers, gongs and drums were heard in the streets all over the city for the celebration. The Hsiung Ching-lai family and teachers and students also gather to share the joy of victory. At that time, Yunnan University had experienced the Japanese army's indiscriminate bombardment and the severe ordeal of war, but it had not been destroyed. In 1937, it was a frontier provincial university with only 2 colleges, 7 departments, 118 full-time teachers and around 300 students. After 8 years of anti-Japanese war, however, it had developed into a university with 5 colleges, 18 departments and 2 specialized disciplines, covering literature, law, science, engineering, medicine and agriculture, with more than 220 professors and more than 1000 students. It became one of the influential national universities at home and abroad.

147

抗战胜利后，内迁来滇的高校及科研院所一个个迁返原址。1946年5月4日，西南联大解散，三校分别迁回北平及天津。当年因战乱来到云南的学者们很多都设法回归故里，但由于昆明四季如春的自然环境及云南大学良好的学术发展条件，仍有相当一部分教师留了下来，其中包括国学大师刘文典以及许多著名学者，如王士魁、何衍璿、范秉哲、姚碧澄、张瑞纶、刘崇智、赵雁来、丘勤宝及秦瓒等人。

Après la victoire de la guerre, les universités et instituts de recherche revinrent progressivement sur leurs sites à Yunnan. Le 4 mai 1946, l'Université Associée du Sud-Ouest fut dissoute et les trois universités retournèrent à Beijing et Tianjin respectivement. Les universitaires qui étaient venus au Yunnan en raison de la guerre à l'époque purent enfin retourner dans leurs villes natales. Cependant, grâce à l'environnement naturel agréable de Kunming et des bonnes conditions de développement académique de l'Université du Yunnan, un bon nombre d'enseignants décidèrent d'y rester. Parmi eux, il y avait Liu Wendian, le maître des études chinoises, et de nombreux érudits célèbres tels que Wang Shikui, He Yanxuan, Fan Bingzhe, Yao Bicheng, Zhang Ruilun, Liu Chongzhi, Zhao Yanlai, Qiu Qiubao, Qinzan.

After the victory of the war, universities and research institutes gradually returned to their sites in Yunnan. On May 4, 1946, the Associated Southwest University was dissolved and the three universities returned to Beijing and Tianjin respectively. Scholars who had come to Yunnan due to the war at the time were finally able to return to their hometowns. However, due to the pleasant natural environment of Kunming and the good academic development conditions of Yunnan University, a good number of teachers decided to stay there. Among them were Liu Wendian, the master of Chinese studies, and many famous scholars such as Wang Shikui, He Yanxuan, Fan Bingzhe, Yao Bicheng, Zhang Ruilun, Liu Chongzhi, Zhao Yanlai, Qiu Qinbao, Qinzan, etc.

149

为了填补战后返乡教师的空缺，延续云大的发展，熊庆来仍然不断努力，继续广纳贤才，1945年10月留法归来的航空工程师王绍曾被聘为航空系主任。当时，航空系成立还不到一年，在熊庆来的积极努力下，航空系的主要教学设备都得到当时航空委员会的支持，给云大调拨了用于教学的器材、物资乃至一架飞机，王绍曾带领师生兴奋地将停放在巫家坝机场的飞机连夜运回学校。

Afin de pourvoir les postes vacants des enseignants, Hsiung Ching-lai continua à rassembler des talents. En octobre 1945, Wang Shao, ingénieur aéronautique de retour de France, fut embauché comme le chef du département aéronautique. À cette époque, le Département de l'aviation avait été créé il y avait moins d'un an. Grâce aux efforts actifs de Hsiung Ching-lai, les principaux équipements pédagogiques et même les avions du Département de l'aviation purent être approvisionnés avec le soutien du Comité de l'aviation de l'époque. Très rapidement, Wang Shao parvint à faire ramener les avions depuis l'aéroport de Wujiaba à l'école.

In order to fill teacher vacancies, Hsiung Ching-lai continued to gather talents. In October 1945, Wang Shao, an aeronautical engineer returning from France, was hired as the head of the aeronautical department. At that time, the Aviation Department had been established less than a year ago. Thanks to Hsiung Ching-lai's active efforts, major teaching equipment and even airplanes of the Aviation Department could be supplied with the support of the then Aviation Committee. Very quickly, Wang Shao managed to bring the planes back from Wujiaba Airport to the school.

151

抗战胜利后，全国人民渴望实现和平民主。然而，1945年10月10日国共两党签署的《双十协定》公布不久即被蒋介石公开撕毁，重新发动了围剿共产党解放区的内战。在这种形势下，全国掀起了反对内战，争取民主的运动。昆明各大、中学校相继罢课。但学生运动遭到国民党政府的镇压，1945年12月1日的一次残酷镇压造成死亡4人，重伤29人的震惊全国的"一二•一"惨案。

Après la victoire de la guerre anti-japonaise, le peuple de tout le pays aspire à la paix et à la démocratie. Le " Double Ten Agreement " signé par le Kuomintang et le Parti communiste le 10 octobre 1945 a été publiquement déchiré par Chiang Kai-shek et la guerre civile pour encercler et supprimer les zones libérées du Parti communiste a été relancée. Un mouvement contre la guerre civile fut lancé dans tout le pays. Les universités et collèges de Kunming se sont mis en grève. Cependant, le mouvement étudiant a été réprimé par le gouvernement du Kuomintang. Le 1er décembre 1945, quatre personnes furent tuées et 29 personnes furent grièvement blessées. La tragédie du " Premier Décembre " choqua tout le pays.

After the victory of the anti-Japanese war, people all over the country yearn for peace and democracy. The "Double Ten Agreement" signed by the Kuomintang and the Communist Party on October 10, 1945 was publicly torn apart by Chiang Kai-shek and the civil war to encircle and suppress the areas liberated from the Communist Party was revived. A movement against the civil war was launched throughout the country. Universities and colleges in Kunming went on strike. However, the student movement was suppressed by the Kuomintang government. On December 1, 1945, four people were killed and 29 people were seriously injured. The tragedy of the "First of December" shocked the whole country.

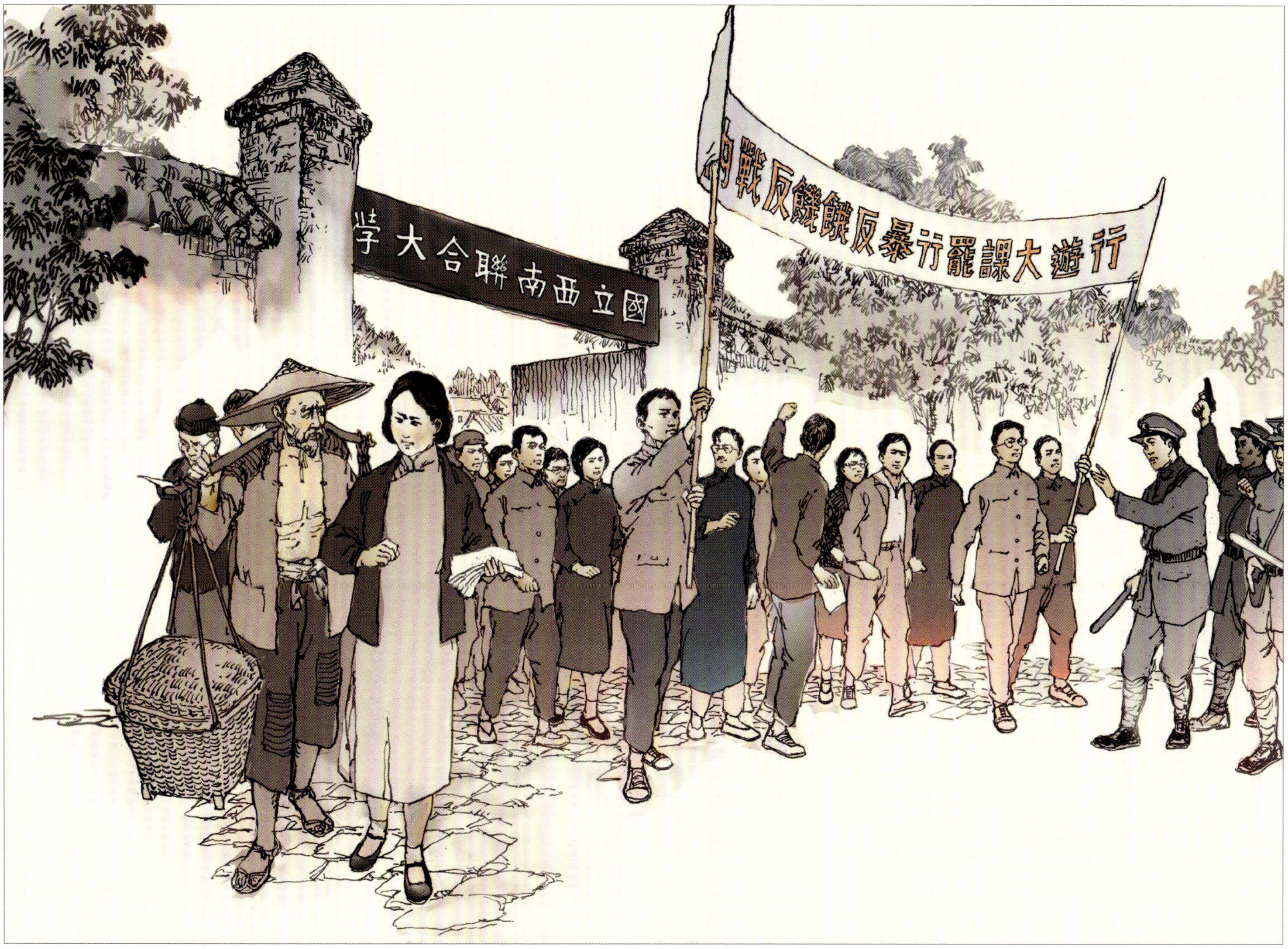
國立西南聯合大学
内戰反饑餓反暴行罷課大遊行

四烈士尸骨未寒，国民党又加紧了对民主人士的迫害。1946年7月初，国民党特务枪杀了民主人士李公朴。7月15日，著名教授闻一多在云大至公堂举行的李公朴追悼大会上拍案而起，怒斥国民党特务，不料在返家途中又惨遭杀害。国民党反动政府的暴行激起了全国人民的愤慨，当局最终不得不"公审"并枪决了"凶手"，昆明各界为死难烈士举行了盛大的悼念大会。

Début juillet 1946, les agents du Kuomintang tuèrent le démocrate Li Gongpu. Le 15 juillet, le professeur Wen Yiduo fut brutalement assassiné sur le chemin du retour de chez lui. Ces évènements déclenchèrent de la colère de la population à travers le pays. Le gouvernement mit en scène alors un " procès public " et abattu l'agent "meurtrier".

In early July 1946, Kuomintang agents killed the democrat Li Gongpu. On July 15, Professor Wen Yiduo was brutally murdered on his way home. These events triggered the anger of the population across the country. The government then staged a "public trial" and killed the "murderous" agent.

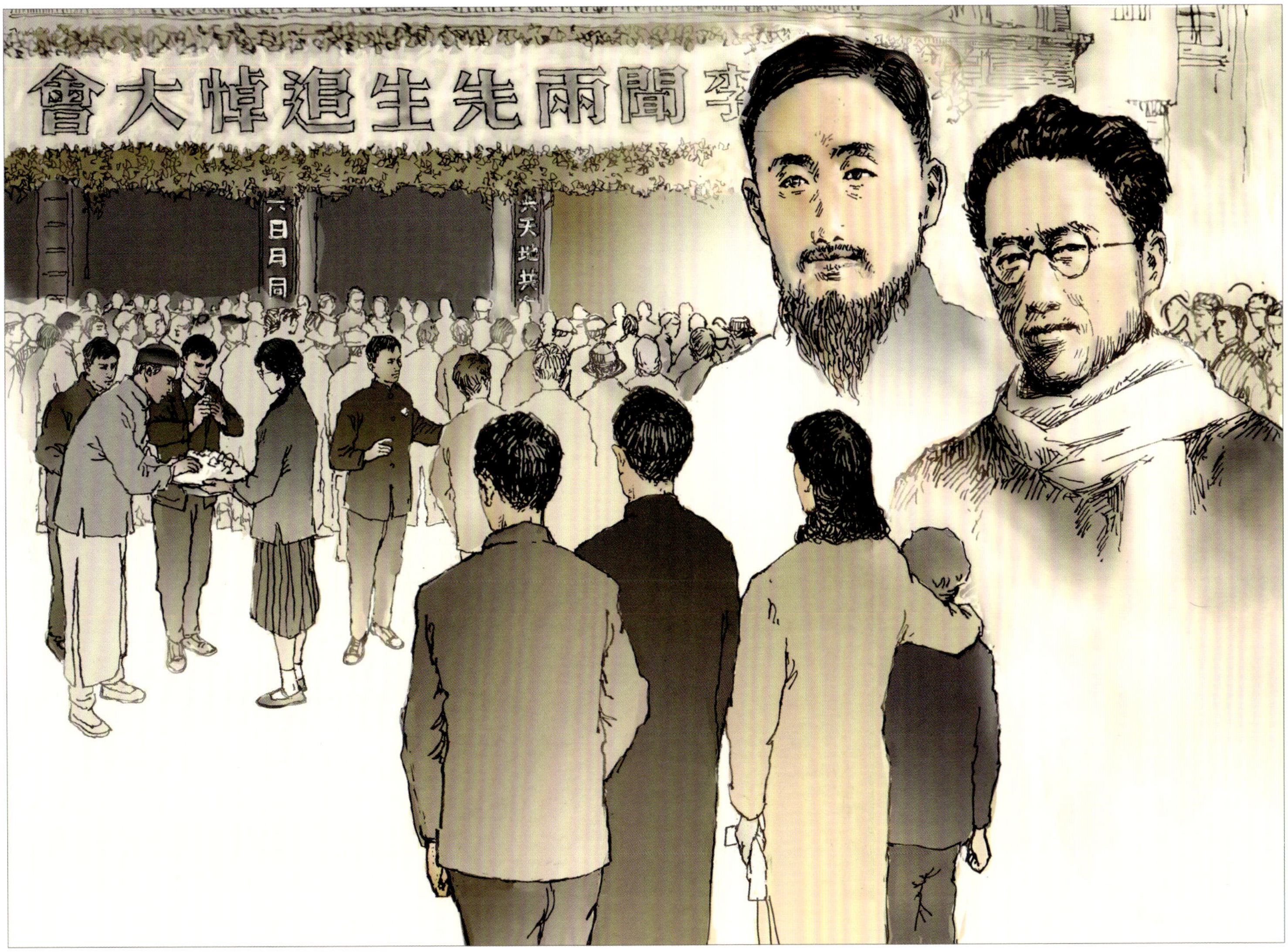
李聞兩先生追悼大會

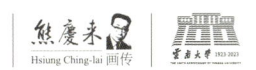

在那一段腥风血雨的时期，熊庆来作为国民政府委派的大学校长，对政府及教育部的指令不得不执行，但他对国民党的暴行深恶痛绝。在李、闻惨案后，国民党特务的黑手伸向了学校，准备对费孝通等民主人士进行抓捕杀害。在万分危急时刻，获悉这个消息的熊庆来紧急联系驻昆美国领事馆，让费孝通等人进入领事馆避难，最终他们平安地离开了云南。

Au cours de cette période de troubles, Hsiung Ching-lai, en tant que président de l'université nommé par le gouvernement, était obligé d'appliquer les instructions du gouvernement même s'il n'approuvait pas les décisions. Après la tragédie de Li et Wen, les agents secrets contactèrent l'école, se préparant à arrêter et à tuer Fei Xiaotong et d'autres démocrates. Hsiung Ching-lai, qui avait appris la nouvelle, contacta d'urgence le consulat américain à Kunming et demanda à Fei Xiaotong de se réfugier au consulat. Grâce à Hsiung, Fei Xiaotong put quitter Yunnan en toute sécurité.

During this troubled period, Hsiung Ching-lai, as the government-appointed president of the university, was obliged to carry out the government's instructions even if he did not approve of the decisions. After Li and Wen's tragedy, secret agents contacted the school, preparing to arrest and kill Fei Xiaotong and other Democrats. Hsiung Ching-lai, who had heard the news, urgently contacted the American consulate in Kunming and asked Fei Xiaotong to take refuge at the consulate. Thanks to Hsiung, Fei Xiaotong was able to leave Yunnan safely.

157

这一时期，每当熊庆来接到政府要抓捕进步老师及学生的密电和黑名单后：对学生，则由校方贴出布告名义上叫这些人到法院登记，实则发出信号让暴露者赶快自行撤离；对教师则是公开宣布解聘，实际上是要这些人尽快离校，躲避抓捕。对于教育部密电中名单上的人员，熊庆来的回答总是"去向不明"。他的这些措施让许多革命师生免遭迫害。

Au cours de cette période, chaque fois que Hsiung Ching-lai recevait un appel téléphonique secret et une liste noire du gouvernement pour arrêter des enseignants et des étudiants progressistes, Hsiung afficha à l'école la liste des étudiants concernés, en leur demandant de s'inscrire auprès du tribunal. En réalité, il utilisa cette affiche pour alerter ces étudiants concernés pour qu'ils puissent s'enfuir au plus vite. Pareil pour les enseignants recherchés par le gouvernement, Hsiung annonça leur licenciement publiquement, puis les aider discrètement à quitter l'école pour éviter de les faire arrêter. Quand Hsiung recevait les télégrammes secrets du ministère à la recherche de ces enseignants, la réponse de Hsiung Ching-lai était toujours " Personnel disparu ". Grâce à ces mesures, Hsiung Ching-lai put sauver de nombreux enseignants et étudiants progressistes.

During this period, whenever Hsiung Ching-lai received a secret phone call and a blacklist from the government to arrest progressive teachers and students, Hsiung posted the list of affected students at the school, asking them to register with the court. In fact, he used this poster to alert these concerned students so that they could flee as soon as possible. The same goes for teachers wanted by the government, Hsiung announcing their dismissal publicly, then quietly helping them out of school to avoid arrest. When Hsiung received the secret telegrams from the ministry looking for these teachers, Hsiung Ching-lai's reply was always "missing staff ". Thanks to these measures, Hsiung Ching-lai was able to save many progressive teachers and students.

159

到 1948 年，国民政府发动的内战让国内经济面临崩溃，金圆券贬值，物价激涨，人们的生活水平急转直下。熊庆来在给国民政府教育部长的信中称"全校师生及教职员眷属三千余人已濒于断炊之境"。此时，凡学校有重大需要决策之事，熊庆来均征求由教授会、讲师助教会、职员联谊会、工警联谊会及学生系级代表会代表组成的"五联会"意见，并对于云大开展的"反饥饿""反迫害"运动的人员给予保护。

La guerre civile entraîna l'effondrement de l'économie nationale, la dévaluation de la monnaie chinois, la hausse des prix et la forte baisse du niveau de vie de la population. Hsiung Ching-lai déclara dans une lettre au ministre de l'Éducation que "plus de 3,000 enseignants, élèves de l'école sont en manque de nourriture". À cette époque, pour toutes décisions importantes de l'école, Hsiung Ching-lai sollicita les opinions des associations des professeurs, des conférenciers, des églises assistantes et des départements étudiants. Il y eut même des campagnes "anti-faim" et "anti-persécution" au sein de l'école.

The civil war led to the collapse of the national economy, the devaluation of the Chinese currency, the rise in prices and the sharp drop in the standard of living of the population. Hsiung Ching-lai said in a letter to the Minister of Education that "more than 3,000 teachers and students in the school are in lack of food". At that time, for all major school decisions, Hsiung Ching-lai sought the opinions of faculty associations, lecturers, assistant churches, and student departments. There were even "anti-hunger" and "anti-persecution" campaigns within the school.

161

尽管当时处境举步维艰，但熊庆来坚持"在其位谋其政"，他希望学校今后还能继续发展，因而仍然广纳人才。与熊庆来仅有一面之交的留法回国医学博士蓝瑚及他的夫人李念秀，于1947年离开他们在天津的优裕工作环境到云南大学医学院任教，后来，蓝瑚成为云南首屈一指的外科专家。在那个阶段，云南大学不但没有因战后教师返乡、学校处境艰难而造成师资空缺，而是继续保持了人才济济、学科门类齐全的局面。

Hsiung Ching-lai influença benifiquement beaucoup de personnes qui l'avaient rencontré. Lan Hu, un médecin revenu en France et son épouse Li Nianxiu, furent recrutés par Hsiung Ching-lai en 1947 pour enseigner au département médecine de l'Université du Yunnan. Plus tard, Lan Hu devint le principal expert en chirurgie du Yunnan. Après la guerre et la libération pacifique du Yunnan,à l'Université du Yunnan il comptait beaucoup de talents et de disciplines.

Hsiung Ching-lai blessedly influenced many people who had met him. Lan Hu, a doctor who had returned to France, and his wife Li Nianxiu, were recruited by Hsiung Ching-lai in 1947 to teach in the medical department of Yunnan University. Later, Lan Hu became Yunnan's leading surgical expert. After the war and the peaceful liberation of Yunnan, in Yunnan University there were many talents and disciplines.

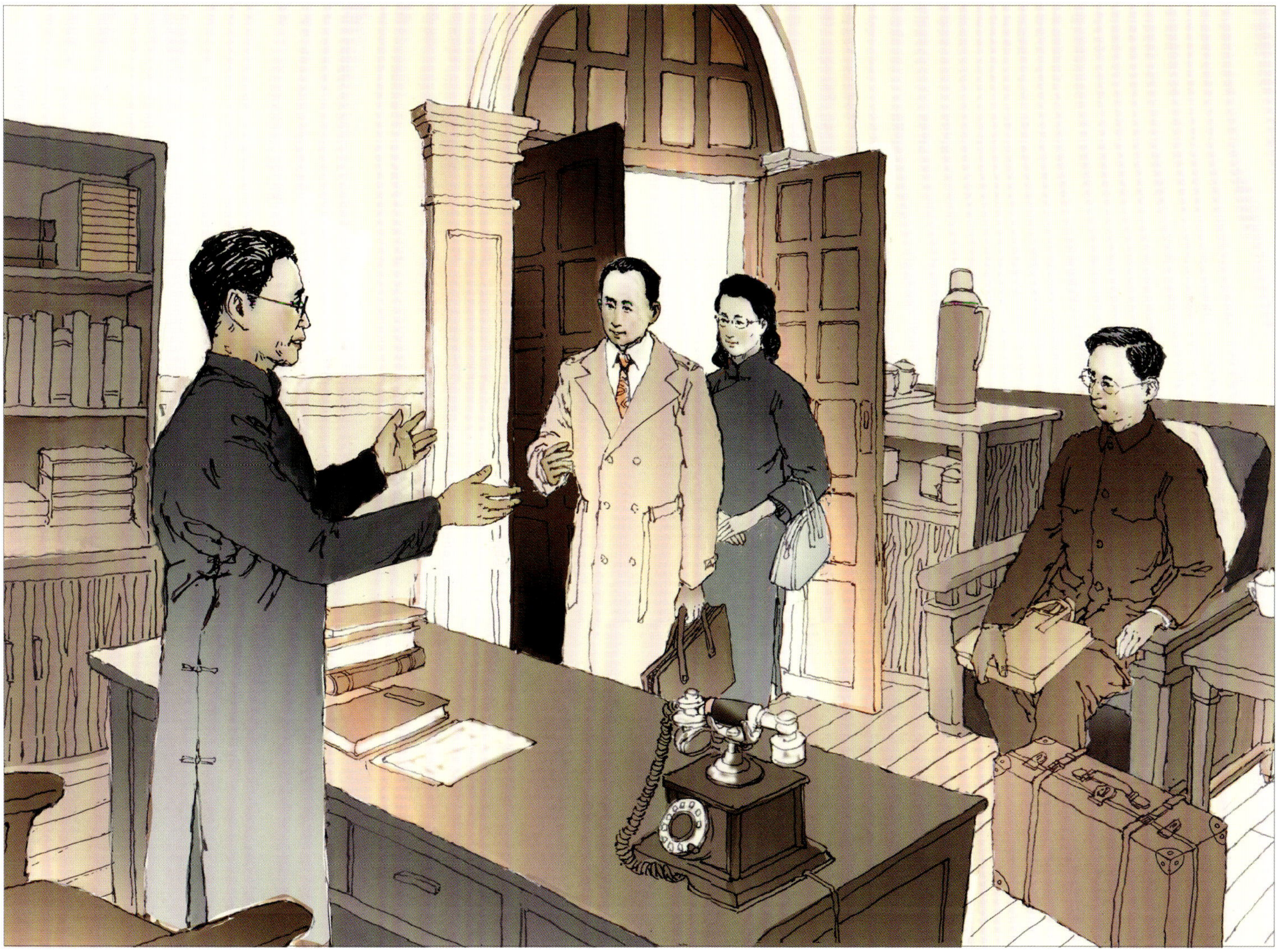

还值得一提的是，我国著名的林业教育家徐永椿教授曾是云南大学森林系的筹建人之一，1948 年，他应台湾好友邀请到台中农学院执教。是年，熊庆来借到南京开会的机会，绕道台湾为家乡弥勒寻找甘蔗良种时，遇到在台湾采集植物标本的徐永椿。一向爱才如命的熊庆来岂容他人挖走自己的良将，当即表示："你到台湾就算作云南大学派来出差，一切费用由云大支付。"

Le professeur Xu Yongchun, un éducateur forestier bien connu en Chine, fut l'un des fondateurs du département de foresterie de l'Université du Yunnan et, en 1948, il a été invité par un ami de Taïwan à enseigner au Taichung Agricultural College. En 1948, Hsiung Ching-lai profita d'une réunion à Nanjing pour faire un détour par Taiwan, pour récolter des variétés de canne à sucre à planter à Kunming. Il y rencontra Xu Yongchun qui récoltait également des spécimens de plantes. Hsiung Ching-lai, qui a toujours aimé les talents, déclara immédiatement: " Votre séjour à Taïwan peut être considéré comme un déplacement professionnel, toutes vos dépenses seront prises en charge par l'Université de Yunnan. "

Professor Xu Yongchun, who was once the dean of the Yunnan Forestry College, became a professor in the Forestry Department of Yunnan University in 1948. That year, Hsiung Ching-lai took advantage of a meeting in Nanjing to make a detour to Taiwan, to collect varieties of sugar cane to be planted in Kunming. There he met Xu Yongchun who was also collecting plant specimens. Hsiung Ching-lai offered him a position at Yunnan University, which Xu accepted. Xu Yongchun later became a well-known forest scientist in China.

165

熊庆来为办好云南大学竭尽了全力，但面对新中国成立前夕国民政府腐败的政局及日益加剧的困境，哪怕在抗战时期日军狂轰滥炸的危险中都未产生过辞意的熊庆来深感回天乏术、智殚力竭；1949年夏，他两次向教育部提交辞呈，但均未获准，他只有带着矛盾、纠结的心情继续工作。1949年9月19日至10月4日，联合国教科文组织第四届大会即将在巴黎召开，国民政府教育部指派熊庆来作为云南大学的代表参加大会。

Hsiung Ching-lai fit tout son possible pour protéger l'Université du Yunnan, mais face à la situation politique corrompue, lui qui n'avait jamais démissionné, même au risque des bombardements japonais pendant la guerre, s'était senti complètement découragé et épuisé. Au cours de l'été 1949, il présenta à deux reprises sa démission au Ministère de l'éducation mais fut toujours rejeté. Du 19 septembre au 4 octobre 1949, la quatrième Conférence de l'UNESCO se tint à Paris et le Ministère de l'Éducation nomma Hsiung Ching-lai comme représentant de l'Université du Yunnan pour assister à la conférence.

Hsiung Ching-lai did his best to protect Yunnan University, but in the face of the corrupt political situation, he who had never resigned even at the risk of Japanese bombing during the war, felt completely discouraged and exhausted. During the summer of 1949, he twice submitted his resignation to the Ministry of Education but was always rejected. From September 19 to October 4, 1949, the Fourth UNESCO Conference was held in Paris, and the Ministry of Education appointed Hsiung Ching-lai as the representative of Yunnan University to attend the conference.

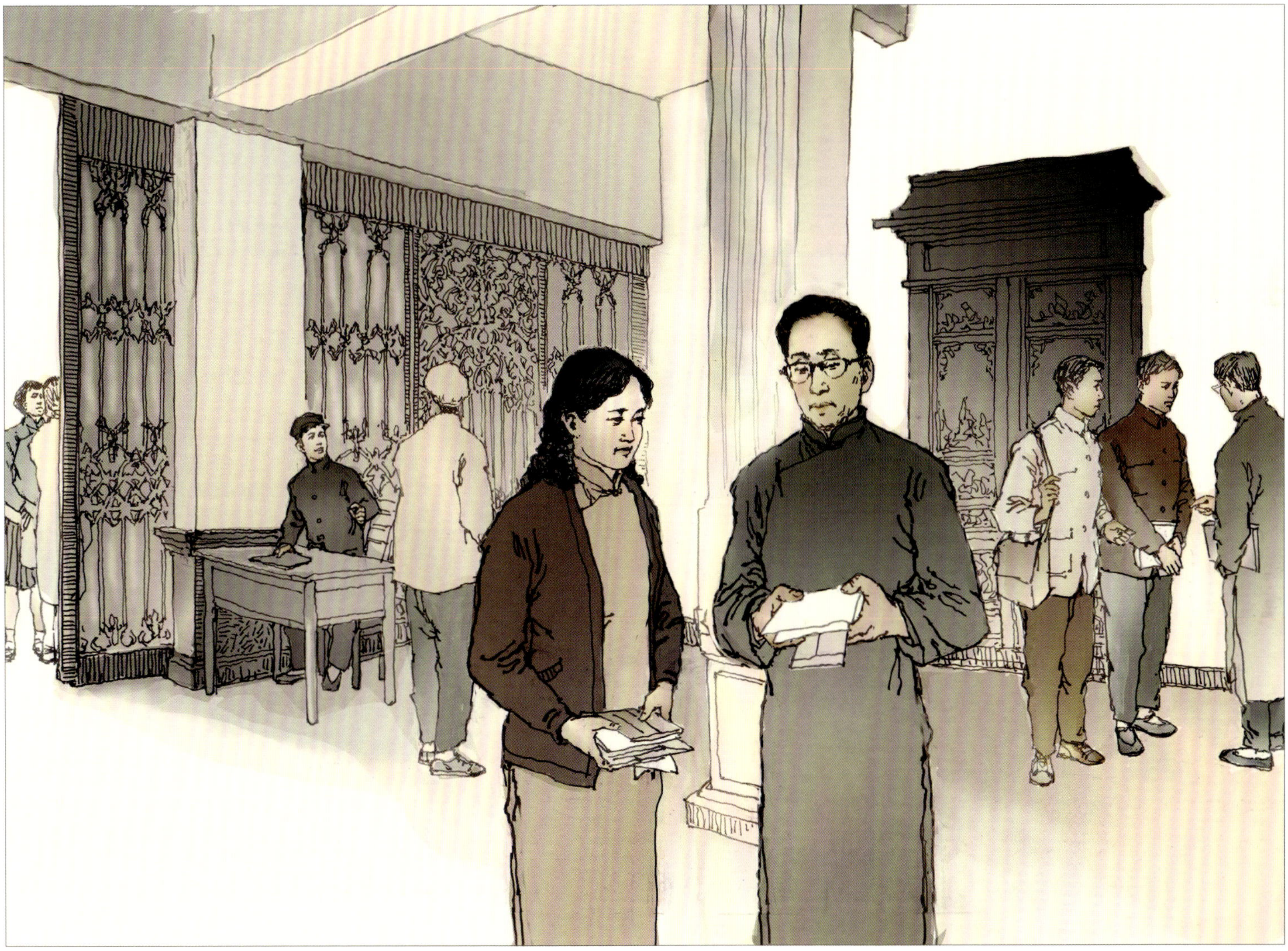

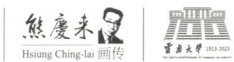

代表团团长是清华大学校长梅贻琦，团员除熊庆来之外，还有当时一些国内知名的学者，如物理学家李书华、中央图书馆馆长蒋复璁、国立北平图书馆馆长袁同礼等人。熊庆来于8月31日抵穗后，与时任国民政府教育部长的杭立武见面，商讨出席会议的有关事宜，杭立武还应熊庆来的要求，拨给云南大学数学系一笔1000美元的购书款，让他随身带往巴黎，选购数学书籍。

Le chef de la délégation était Mei Yiqi, président de l'Université de Tsinghua. Outre Hsiung Ching-lai, les membres de la délégation comprenaient également des universitaires nationaux bien connus à l'époque, tels que Li Shuhua, Jiang Fuzong, Yuan Tongli et d'autres. Après l'arrivée de Hsiung Ching-lai à Guangzhou le 31 août, il rencontra Hang Liwu, le ministre de l'Éducation, pour discuter de questions liées au sujet de la réunion. À la demande de Hsiung Ching-lai, Hang Liwu lui alloua une somme de 1000$ US pour acheter des livres de mathématiques à Paris pour l'université.

The leader of the delegation was Mei Yiqi, President of Tsinghua University. Besides Hsiung Ching-lai, the delegation members also included well-known national scholars at the time, such as Li Shuhua, Jiang Fuzong, Yuan Tongli and others. After Hsiung Ching-lai arrived in Guangzhou on August 31, he met with Education Minister Hang Liwu to discuss matters related to the meeting topic. At Hsiung Ching-lai's request, Hang Liwu granted him US$1,000 to buy math books in Paris for college.

169

代表团如期到巴黎参加了联合国教科文组织第四届大会。会后,梅贻琦一行先行回国,熊庆来按照出国前杭立武的委托,还将以云南大学校长的名义于 10 月 17—21 日在巴黎参加一个关于艺术和历史古迹的专家会议,做题为"中国对历史古迹和文物的保护"的报告。

La délégation se rendit à Paris comme prévu pour participer à la conférence. Après la rencontre, Mei Yiqi et le reste de la délégation retournèrent d'abord en Chine. Hsiung Ching-lai, comme l'avait confié Hang Liwu avant de partir, resta et participa à une autre réunion d'experts sur l'art et les monuments historiques à Paris. Le sujet de la réunion était " Rapport sur la protection des sites historiques et des vestiges culturels de la Chine ".

The delegation traveled to Paris as planned to participate in the conference. After the meeting, Mei Yiqi and the rest of the delegation first returned to China. Hsiung Ching-lai, as Hang Liwu confided before leaving, stayed and participated in another meeting of experts on art and historical monuments in Paris. The topic of the meeting was "Report on the Protection of Historic Sites and Cultural Relics of China".

171

在这个报告中，熊庆来简略追溯了我国清代以前以及清代的古迹，着重介绍了民国时期内政部所制定的古迹、文物保护政策和在抗日战争时期为避免战争导致的破坏，将大批珍贵文物以及珍贵图书运至后方，抗战胜利后又运回南京的史实，以及在运输过程中采用现代化的包装保护措施，使珍贵文物无一损坏丢失。

Pendant cette réunion, Hsiung Ching-lai présenta des sites historiques avant la dynastie Qing et également les politiques de protection des reliques culturelles par le Ministère de l'intérieur. Il expliqua les mesures exceptionnelles prises pour transporter et protéger les reliques culturelles et les livres précieux après la guerre.

During this meeting, Hsiung Ching-lai introduced historical sites before the Qing Dynasty and also the policies of protection of cultural relics by the Ministry of Interior. He explained the exceptional measures taken to transport and protect cultural relics and precious books after the war.

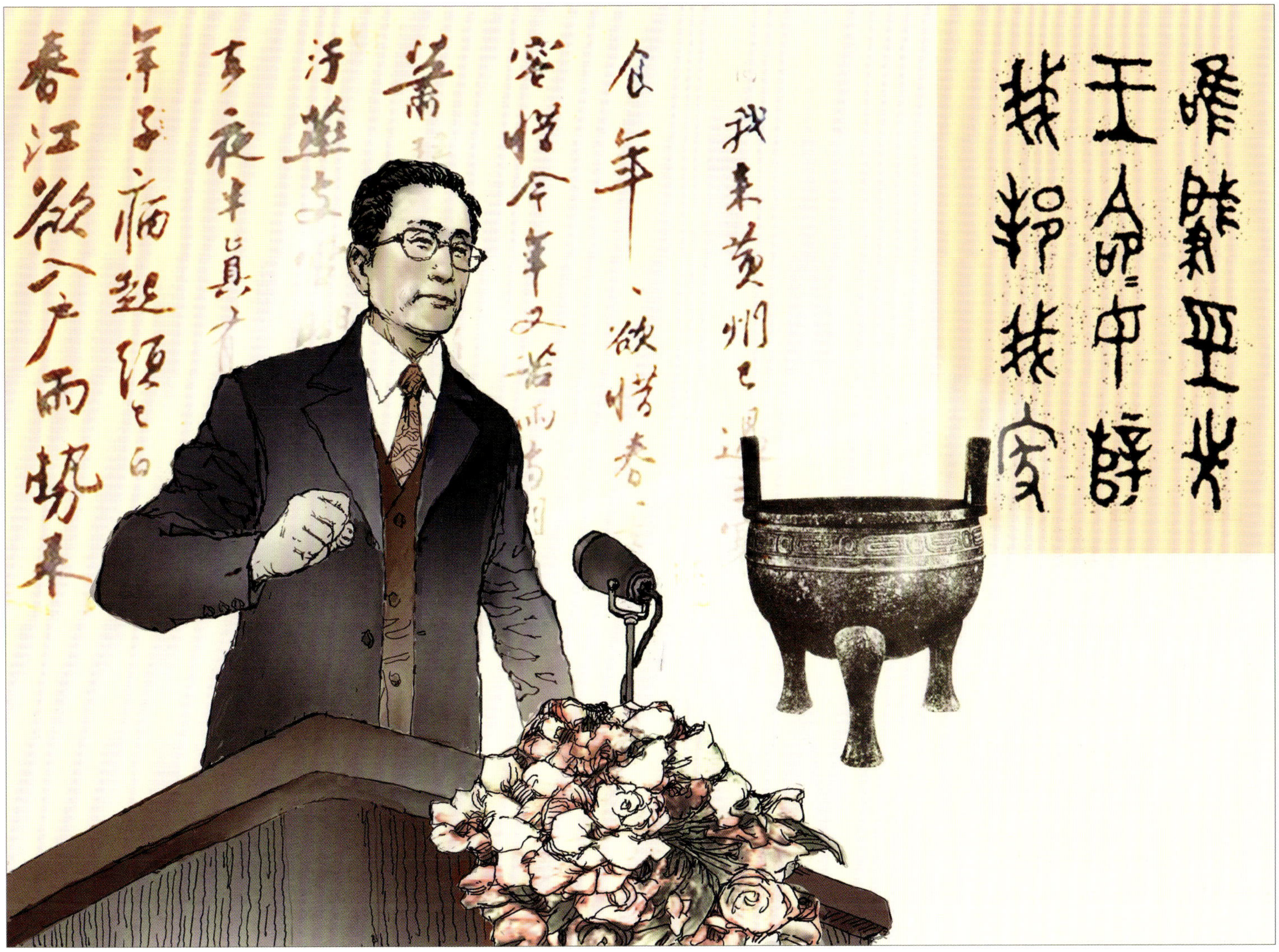
春江欲入户雨势来
我来黄州

然而，就在熊庆来这次赴法期间，昆明发生了巨大变化：云南省国民政府在1949年9月9日宣布昆明"戒严"，国民党特务大肆逮捕中共地下党员，这就是后来被称为"九九整肃"的事件。远在巴黎的熊庆来在毫不知情的情况下被免去了云南大学校长的职务，家属被勒令三天内搬出云大。此时熊家长子秉信在外地工作，二子秉明考取了公费生留学法国，女儿秉慧和弟弟秉衡、秉群随母亲在昆明读书。

Pendant le séjour de Hsiung Ching-lai en France, de grands changements eut lieu à Kunming. Le 9 septembre 1949, le gouvernement national de la province du Yunnan déclara la "loi martiale" à Kunming. Des agents du gouvernement arrêtèrent à grande échelle des membres du Parti communiste chinois. Hsiung Ching-lai, qui était loin à Paris, fut démis de ses fonctions de président de l'Université du Yunnan. Son salaire fut suspendu et les membres de sa famille reçurent l'ordre de quitter l'Université du Yunnan dans les trois jours. À ce moment-là, fils aîné, Bingxin, ne travaille pas à Kunming et le deuxième fils Bingming faisait encore ses études en France. sa fille Binghui et ses deux plus jeunes fils Bingheng et Bingqun étudiaient tous à Kunming.

During Hsiung Ching-lai's stay in France, great changes took place in Kunming. On September 9, 1949, the national government of Yunnan Province declared "martial law" in Kunming. Kuomintang agents arrested members of the Chinese Communist Party on a large scale. Hsiung Ching-lai, who was away in Paris, was removed from his position as president of Yunnan University. His family members were ordered to leave Yunnan University within three days. At that time, the eldest son Bingxin had worked in other place, and the second son Bingming was still studying in France. When Hsiung Ching-lai was overseas this time, his daughter Binghui and her two youngest sons Bingheng and Bingqun were all studying in Kunming.

175

熊家被迫搬迁到几年前熊庆来用薪金积蓄在昆明钱局街的巷子里买的住房，熊庆来的工资停发后，家人的生活主要依靠已经工作了的秉信的每月汇款。熊庆来的学生们如华罗庚、严济慈等人则多次来信及汇款，在昆的学生、好友如朱德祥及白世俊等人也常来看望，对他们从精神及经济上给予支持和帮助。

La famille Hsiung déménagea en précipitation dans une vieille maison dans la rue Qianju à Kunming. Après la cessation du salaire de Hsiung Ching-lai, les revenus de sa famille reposèrent principalement sur l'argent envoyé par son fils aîné, Bingxin, qui travaillait déjà. Il y avait aussi les anciens élèves de Hsiung Ching-lai, tels que Hua Luogeng, Yan Jici et d'autres, qui les aidèrent financièrement. Des étudiants et des amis à Kunming tels que Zhu Dexiang et Bai Shijun venaient aussi souvent les visiter et les soutenir.

The Hsiung family rushed into an old house on Qianju Street in Kunming. After Hsiung Ching-lai's salary ceased, his family's income was mainly based on the money sent by his eldest son, Bingxin, who was already working. There were also former students of Hsiung Ching-lai, such as Hua Luogeng, Yan Jici and others, who helped them financially. Students and friends in Kunming such as Zhu Dexiang and Bai Shijun also often came to visit and support them.

177

1949 年 10 月 1 日，中华人民共和国成立。12 月 9 日，云南省国民政府主席卢汉宣布起义，1950 年 2 月 20 日，陈赓、宋任穷率领人民解放军进入昆明。此时秉慧及秉群都是青年学生。秉衡在抗战及解放战争期间就读于云大附中，高中毕业后考入云南大学物理系学习，受进步老师及同学的影响，先是参加了中共地下党外围组织"民青"（云南民主青年同盟），后来加入中国共产党，是中共地下党员，并遵照组织安排离开学校投身于革命工作。熊家最小的孩子秉群是"民青"盟员。云南和平解放，熊家一家人和昆明人民一起欢欣鼓舞地迎接解放。

Le 1er octobre 1949, la République populaire de Chine fut créée.Mais la province de Yunnan était encore sous l'ancien régime. Le 9 décembre 1949, Lu Han, président du gouvernement national de la province du Yunnan, déclara un soulèvement. Au début de 1950, Chen Geng et Song Renqiong conduisirent l'Armée populaire de libération à Kunming, et Yunnan fut pacifiquement libéré. Les enfants de la famille Hsiung, Binghui, Bingheng et Bingqun étaient tous étudiants à l'époque. Bingheng était même un membre du Parti communiste chinois et Bingqun était un membre de l'allié "Minqing Youth". La famille Hsiung et les habitants de Kunming accueillirent la libération avec joie.

On October 1, 1949, the People's Republic of China was established. On December 9, 1949, Lu Han, chairman of the national government of Yunnan Province, declared an uprising. In early 1950, Chen Geng and Song Renqiong led the People's Liberation Army to Kunming, and Yunnan was peacefully liberated. Binghui and Bingqun were all students at the time. Bingheng was even a member of the Chinese Communist Party and Bingqun was a member of the "Minqing Youth" ally. The Hsiung family and the people of Kunming welcomed the release with joy.

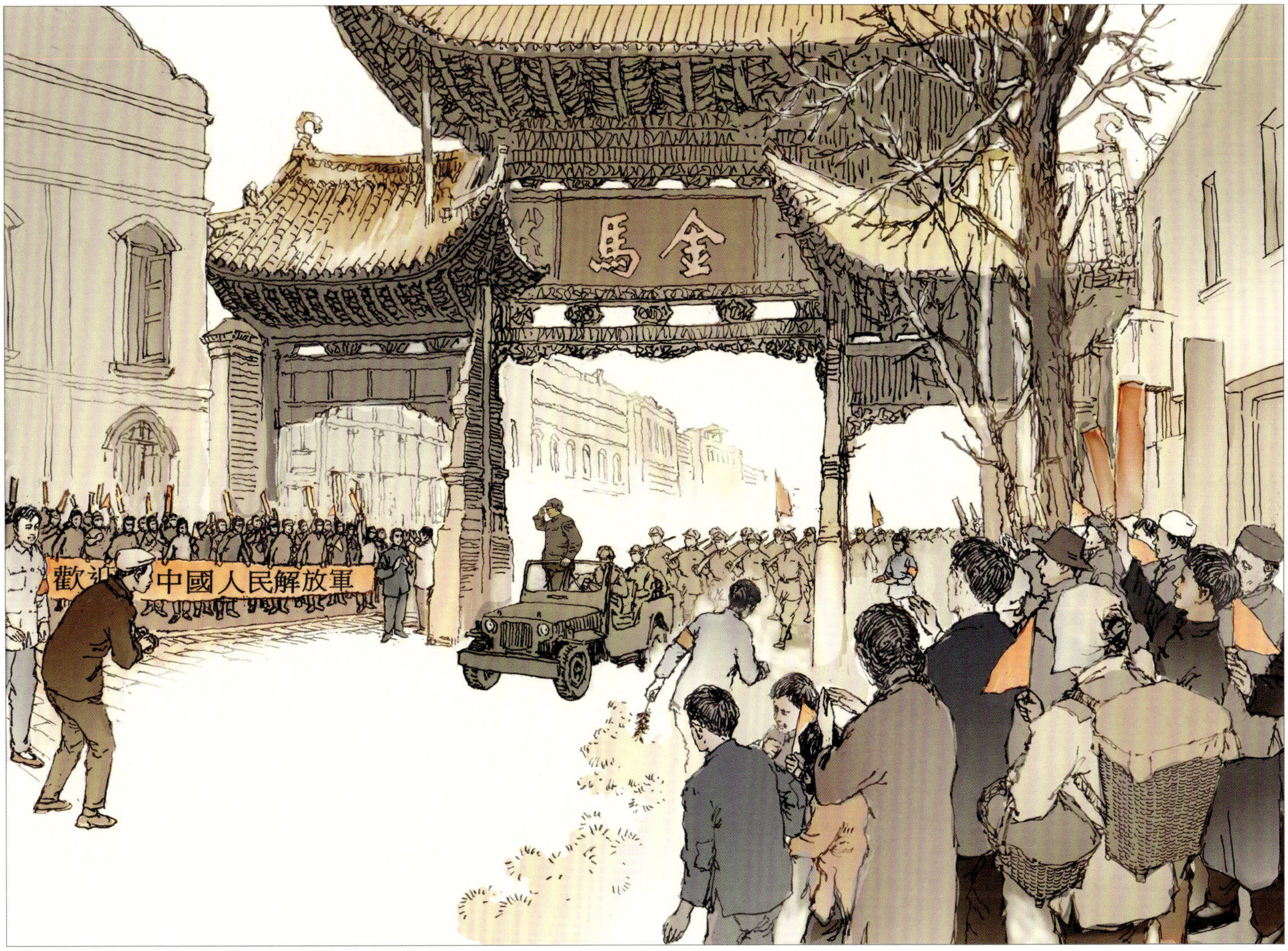
金馬
歡
中國人民解放軍

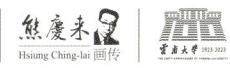

新中国成立后，滞留法国的熊庆来与国内家人的通信一度曾完全中断。自己是旧政府的公职人员，新政权对自己的态度如何？熊庆来不敢贸然回国，幸好此时秉明在巴黎求学，他不至于孤独。1950年4月，在香港友人的帮助下熊庆来与昆明的家人恢复了书信往来，当他得知自己早被国民政府免职后不禁感叹，而当知道长子秉信已担负起国内家人的生活责任，让弟妹不至辍学后，又感到十分欣慰。

Après la fondation de la République populaire de Chine, la communication de Hsiung Ching-lai avec sa famille fut complètement interrompue. "Je suis un fonctionnaire de l'ancien gouvernement, quelle serait l'attitude du nouveau régime à mon égard?" Hsiung Ching-lai n'osa pas rentrer chez lui à l'improviste. Heureusement, son fils Bingming étudiait aussi à Paris à cette époque. En avril 1950, avec l'aide d'amis de Hong Kong, Hsiung Ching-lai put reprendre contact avec sa famille à Kunming. Il apprit donc qu'il avait été licencié par l'ancien gouvernement national. Il était soulagé d'apprendre que son fils aîné Bingxin avait pris les responsabilités de sa famille afin que ses petits frères et sœurs puissent continuer leurs études.

After the founding of the People's Republic of China, Hsiung Ching-lai's communication with his family was completely cut off. "I am an official of the old government. What would be the attitude of the new regime towards me?" Hsiung Ching-lai did not dare to return home unexpectedly. Fortunately, his son Bingming was also studying in Paris at that time. In April 1950, with the help of friends in Hong Kong, Hsiung Ching-lai was able to reconnect with his family in Kunming. So he learned that he had been fired by the former national government. He was relieved to learn that his eldest son Bingxin had taken responsibility for his family so that his younger siblings could continue their education.

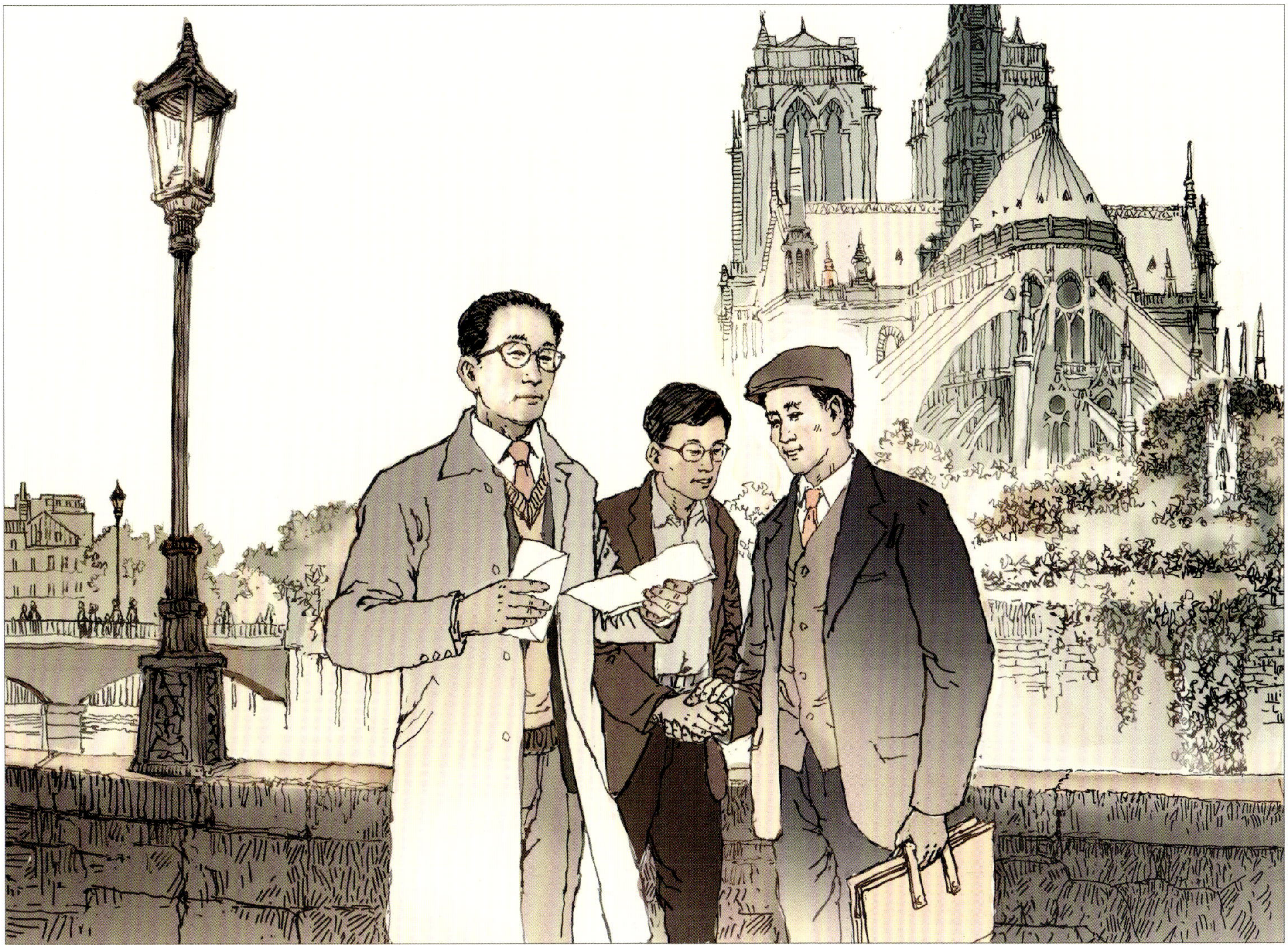

滞留巴黎的熊庆来决心"重操旧业",再开始自己钟爱的数学研究。在租住的小旅馆中他刻苦钻研,凭着扎实的理论基础和超常的毅力,陆续取得研究成果并在法国数学杂志发表,几个月后,他又走到数学科学的国际前沿,研究成果得到他前两次赴法期间所认识的法国学者们的高度赞扬。而正在求学的秉明,因热爱艺术,已经于1948年从哲学专业改修艺术,进入巴黎美术学院学习雕塑。

Puisqu'il était bloqué à Paris, il décida de recommencer ses recherches mathématiques. Dans sa chambre de l'hôtel qu'il louait, il continua ses travaux en mathématique et parvint même à publier les résultats de ses recherches dans la Revue mathématique française. En quelques mois, il arriva à apporter des contributions significatives dans le domaine. Son fils Bingming, qui étudiait toujours, avait changé son orientation vers de l'art en 1948, et entra à l'Académie des Beaux-Arts de Paris pour étudier la sculpture.

Since he was stuck in Paris, he decided to start his mathematical research again. In his room in the hotel he rented, he continued his work in mathematics and even managed to publish the results of his research in the Revue Mathématique Française. Within a few months he was able to make significant contributions to the field. His son Bingming, who was still studying, had changed his focus to art in 1948, and entered the Academy of Fine Arts in Paris to study sculpture.

$$\lim_{r\to\infty}\frac{\log U\{r(1+\frac{1}{\log U(r)})\}}{\log U(r)}=1; \qquad \limsup_{r\to\infty}\frac{\log T(r,f)}{\log U(r)}=1. \qquad \arg z=\theta_0\,(0\leqslant\theta_0<2\pi)$$

$$\limsup_{r\to\infty}\frac{\log n(r,\theta_0,\varepsilon,f=\alpha)}{\rho(r)\log r}=1,$$

为解决熊庆来在法生活拮据的问题，对熊庆来当年博士论文给予高度评价的法国数学家波莱尔（Borel）为熊庆来争取到一笔"学者研究补助费"，让他得以维持生活。但享受补助不到半年，看到二战后法国的经济尚未恢复，本国人求职也极为不易，后来甚至连法国学者研究会的经费也发生了困难，于是熊庆来主动拒绝了研究会的补助，靠自己给私人授课的收入维持生活。此期间他也曾有去美国或去印度讲学的机会，然而他却决定留在法国专注数学研究，以期有一天归国后再培养年青一代。

A cette époque, le mathématicien français M. Borel avait demandé une "subvention de recherche universitaire" pour Hsiung Ching-lai. Cependant, au bout de six mois, Hsiung décida de renoncer à la subvention et préféra vivre avec ses revenus grâce aux cours particuliers qu'il donna. Durant cette période, il avait eu l'opportunité d'aller aux Etats-Unis ou de donner des conférences en Inde, mais il décida de rester en France pour se consacrer à la recherche en mathématiques, dans l'optique de retourner un jour en Chine et de se consacrer dans l'éducation.

At that time, the French mathematician M. Borel had applied for a "university research grant" for Hsiung Ching-lai. However, after six months, Hsiung decided to give up the subsidy and preferred to live on his income thanks to the private lessons he gave. During this period, he had the opportunity to go to the United States or to give lectures in India, but he decided to stay in France to devote himself to research in mathematics, with a view to returning one day to China and to devote himself in education.

185

1951年1月25日，患有高血压的熊庆来突然脑出血引起右侧半身不遂，幸而在法学习的二子秉明及时送医院救治。熊庆来住院后，他的学术影响让法国数学界的朋友特地为他争取到一笔特殊援助费，医院也免去他住院治疗的费用。当时正在法国的范秉哲夫妇以及在美国的著名数学家陈省身、徐贤修，物理学家林家翘等人以及梅贻琦闻讯后也先后汇款来给予帮助。

Le 25 janvier 1951, Hsiung Ching-lai, qui souffrait d'hypertension, eut une hémorragie cérébrale qui provoqua une hémiplégie du côté droit. Heureusement, son deuxième fils Bingming, qui étudiait l'art en France, l'accompagna à l'hôpital en urgence. Pour l'hospitalisation de Hsiung Ching-lai, il reçut de l'aide financière des connaissances du cercle des mathématiciens français. Fan Bingzhe et sa femme en France, ainsi que les mathématiciens Chen Xianxiu, Xu Xianxiu et le physicien Lin Jiaqiao aux États-Unis lui envoyèrent également de l'argent pour l'aider après avoir appris la nouvelle.

On January 25, 1951, Hsiung Ching-lai, who suffered from hypertension, had a cerebral hemorrhage which caused right-sided hemiplegia. Luckily, her second son Bingming, who was studying art in France, accompanied her to the emergency hospital. For the hospitalization of Hsiung Ching-lai, he received financial assistance from acquaintances of the circle of French mathematicians. Fan Bingzhe and his wife in France, and mathematicians Chen Xingshen, Xu Xianxiu, and physicist Lin Jiaqiao in the United States also sent money to help him after hearing the news.

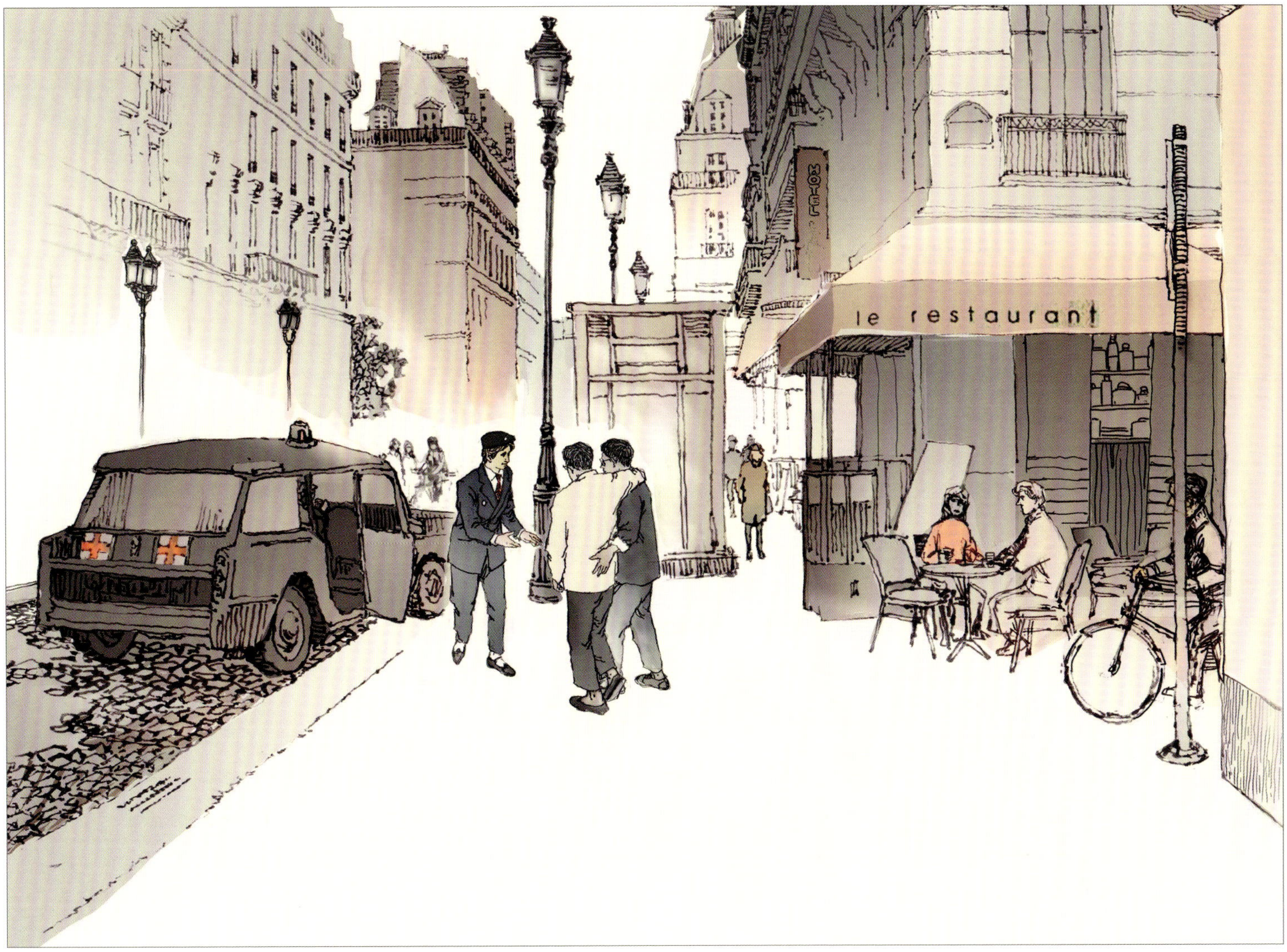
HOTEL
le restaurant

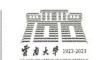

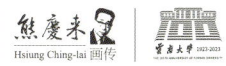

熊庆来住院期间，仍旧无时不惦念着国内亲人及新中国成立后云南大学的发展。在疾病缠身及收入窘迫的困境下，他没有动用原国民政府交给他的一千美元的购书款。住院治疗十个月后，他只能拖着右腿艰难地行走。在二子秉明的帮助下，他亲自到巴黎科技书店选购了数学书籍，连同发票单据托人交给新中国的高等教育部，并请转交云南大学。

Pendant l'hospitalisation de Hsiung Ching-lai, il pensa toujours à ses proches en Chine et au développement de l'Université du Yunnan. Malgré sa santé fragile et ses faibles revenus, il ne touchait jamais aux 1 000 dollars qui lui avaient été remis par le gouvernement. Après dix mois d'hospitalisation, il ne pouvait que se déplacer en boitant. Avec l'aide de son fils, il se rendit à la Librairie des Sciences et Technologies de Paris pour acheter des livres de mathématiques pour l'université. Ces livres furent ensuite remis au Ministère de l'enseignement supérieur de la Chine avec les factures et les reçus. Par la suite, ces livres étaient envoyés à l'université de Yunnan pour les travaux d'enseignement et de recherche du département de mathématiques.

During Hsiung Ching-lai's hospitalization, he always thought of his relatives in China and the development of Yunnan University. Despite his fragile health and low income, he never touched the $1,000 given to him by the government. After ten months of hospitalization, he could only walk with a limp. With the help of his son, he went to the Librairie des Sciences et Technologies in Paris to buy mathematics books for the university. These books were then handed over to the Ministry of Higher Education of China along with invoices and receipts. Subsequently, these books were sent to Yunnan University for the teaching and research work of the mathematics department.

189

从家人的来信中熊庆来知道，1951年已正式任命周保中为云南大学校长，并知道新中国建立后许多方面欣欣向荣的景况。但是他不知道的是，他的夫人姜菊缘被错划为"地主"被带回弥勒农村关押批斗；钱局街的住房已经变卖"退赔"给农民……由于当时中法尚未建交，熊庆来得不到云南大学的任何正式消息，这一切使他陷入深深的迷茫与苦闷中。

Avec les courriers de sa famille, Hsiung Ching-lai apprit que Zhou Baozhong était officiellement nommé président de l'Université du Yunnan en 1951, et que la situation était plutôt positive après l'arrivée de la Chine communiste. Cependant, sa femme Jiang Juyuan était classée comme " propriétaire de l'ancien régime " et envoyée dans la campagne de Maitreya pour y être emprisonnée. Leur maison était réquisitionnée pour les paysans. La Chine et la France n'avaient pas encore établi de relations diplomatiques. Il était évident que ce n'était pas le moment pour lui de retourner en Chine. Hsiung Ching-lai entra dans une période confuse et désespérée.

From letters from his family, Hsiung Ching-lai learned that Zhou Baozhong was officially appointed as the president of Yunnan University in 1951, and that the situation was quite positive after the arrival of the founding of the People's Republic of China. However, his wife Jiang Juyuan was classed as an "old regime landlord" and sent to Maitreya's campaign to be imprisoned. Their house was requisitioned for the peasants. China and France had not yet established diplomatic relations. It was obvious that now was not the time for him to return to China.Hsiung Ching-lai entered a confused and desperate period.

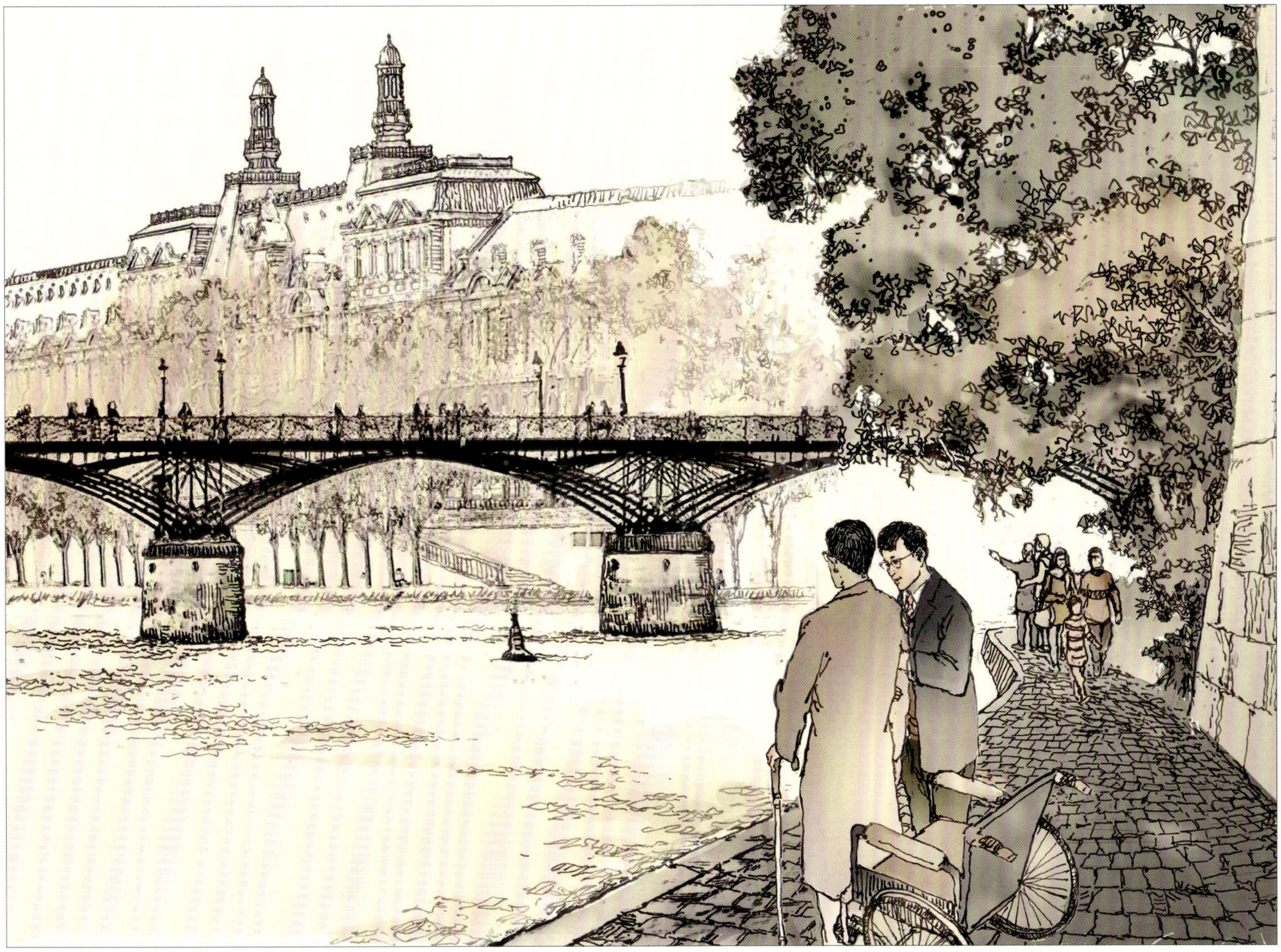

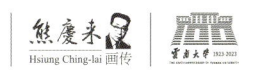

所幸1952年，熊庆来的二子秉明在巴黎美术学院毕业了。同年，秉明与从瑞士来巴黎学习的瑞士姑娘多蕚蒂结婚。为让熊庆来身体能够很好康复，熊庆来两次受亲家之邀去瑞士休养，这对他身心的恢复多有裨益。秉明在艺术领域的成长也让他得到不少安慰，但他脑出血的后遗症很难彻底康复。病后，他可以艰难缓慢地拖着右腿行走，可是右手却再也不能握笔写字了。

En 1952, son deuxième fils, Bingbing, fut diplômé de l'Académie des arts de Paris. La même année, il épousa Duoedi, une jeune suisse étudiait à Paris. Hsiung Ching-lai put se rendre deux fois en Suisse chez les beaux-parents de son fils. Ses séjours étaient très bénéfiques pour son rétablissement. Le progrès de Bingming dans le domaine de l'art lui réconfortait également. Mais ses séquelles d'hémorragie cérébrale étaient difficiles à récupérer complètement, il se déplaça avec difficulté et il ne pouvait plus tenir un stylo avec sa main droite.

In 1952, his second son, Bingming, graduated from the Academy of Fine Arts in Paris. The same year, Bingming married Duoedi, a young Swiss girl studying in Paris. Hsiung Ching-lai was able to go to Switzerland twice to visit his son's parents-in-law. His stays were very beneficial for his recovery. Bingming's progress in art also comforted him. But his aftermath of cerebral hemorrhage was difficult to fully recover. He could walk with difficulty but he could no longer hold a pen with his right hand.

193

熊庆来练习用左手写字，同时坚持进行数学研究。通过艰苦的努力，又陆续在法国科学院杂志上发表数学论文，其研究成果在国际数学界再现辉煌。为此，他深受同行及朋友们的敬佩。1953年，当时在美国的清华大学前校长梅贻琦及清华庚款基金委员决定给予他研究补助，这对他能安心进行研究有不小的帮助。1955年10月，他应邀赴德国讲学，而且还应曾担任过法国科学院院长的数学家维纳（M. Villat）之邀，作为卓有成就的数学家撰写了《数学科学回忆》丛书中的一册。1957年，他的一本数学专著在巴黎出版后，受到数学界的一致好评。

Hsiung Ching-lai se mit à pratiquer l'écriture de la main gauche tout en poursuivant progressivement ses recherches mathématiques. Grâce à un travail acharné, les résultats de ses recherches portèrent ses fruits dans la communauté mathématique internationale. En 1953, Mei Yiqi, l'ancien président de l'Université Tsinghua aux États-Unis, et les membres du Tsinghua Geng Endowment Fund décidèrent de lui accorder une bourse de recherche, ce qui l'aida à mener ses recherches avec plus de sérénité. En octobre 1955, il fut invité à donner des conférences en Allemagne, et fut sollicité par le mathématicien M. Villat, qui était le doyen de l'Académie française des sciences, pour participer à l'écriture du livre "Mémoires des Sciences Mathématiques". En 1957, son livre "Sur les fonctions méromorphes et les fonctions globales algébriques - La promotion d'un théorème par R. Nevonlinner" fut publié à Paris et fut bien accueilli par la communauté mathématique.

Hsiung Ching-lai began to practice left-hand writing while gradually pursuing his mathematical research. Through hard work, the results of his research bore fruit in the international mathematical community. In 1953, Mei Yiqi, the former president of Tsinghua University in the United States, and the members of the Tsinghua Geng Endowment Fund decided to grant him a research funding, which helped him to conduct his research with more serenity. In October 1955, he was invited to give lectures in Germany, and was asked by the mathematician M. Villat, who was the dean of the French Academy of Sciences, to participate in the writing of the book "Memoirs of Mathematical Sciences". In 1957, his book was published in Paris and was well received by the mathematical community.

195

1955年,梅贻琦以在台北成立的"国立清华大学"校长的名誉写信邀请熊庆来去当教务长,台湾大学的校长钱思亮也邀请他去台湾大学任教,熊庆来均婉言谢绝了。1956年,周恩来总理代表国家发出"向科学进军"的号召,并欢迎在国外的学者和留学生归来建设祖国。在新中国盼望着他回来的华罗庚、楚图南、周培源、冯友兰等科学家、友人们分别写信给他,告之国内科学教育的发展情况,希望他回国。他的亲人们(1955年,姜菊缘的"地主"身份被取消,改为教员)也时常来信,告诉他国内种种新气象和建设成就,一直深爱着祖国、盼望国家繁荣富强的熊庆来决定返回新中国。

En 1955, Mei Yiqi écrivit une lettre invitant Hsiung Ching-lai à devenir doyen de l'Université nationale Tsing Hua établie à Taipei. Le président de l'Université de Taiwan, Qian Siliang, l'invita également à enseigner à l'Université de Taiwan. Hsiung Ching-lai déclina ces invitations. En 1956, le Premier ministre Zhou Enlai lanca un appel au nom du pays à "Marcher vers la science" et invita les universitaires et les étudiants chinois à l'étranger à revenir pour servir le pays. Hua Luogeng, Chu Tunan, Zhou Peiyuan, Feng Youlan et d'autres scientifiques chinois qui attendaient avec impatience son retour en Chine également, lui avaient écrit séparément. Hsiung Qinlai décida de retourner en Chine.

In 1955, Mei Yiqi wrote a letter inviting Hsiung Ching-lai to become dean of the National Tsing Hua University established in Taipei. The president of Taiwan University, Qian Siliang, also invited him to teach at Taiwan University. Hsiung Ching-lai declined these invitations. In 1956, Prime Minister Zhou Enlai appealed on behalf of the country to "March to Science" and invited overseas Chinese scholars to return to serve the country. Hua Luogeng, Chu Tunan, Zhou Peiyuan, Feng Youlan and other Chinese scientists who were looking forward to his return to China as well, had written to him separately. Hsiung Ching-lai decided to return to China.

周培源

冯友兰

华罗庚

梅贻琦

由于当时中法尚未建交，在我国驻瑞士大使馆的帮助下，熊庆来从瑞士苏黎世乘飞机经捷克转机抵莫斯科，于1957年6月8日乘坐苏联客机到达北京。在空姐的搀扶下，熊庆来迈着艰难的步伐，带着喜悦的微笑下了舷梯，走向早已在机前等待的亲人以及华罗庚、吴有训、竺可桢、严济慈、叶企孙、庄圻泰等前来迎接他的中国科学家。

La Chine et la France n'avaient pas encore établi de relations diplomatiques. Heureusement avec l'aide de l'ambassade de Chine en Suisse, Hsiung Ching-lai parvint à partir à Moscou par avion depuis Zurich, puis via la République tchèque, il arriva enfin à Pékin le 8 juin 1957 par un avion soviétique. Ses proches l'attendaient devant l'avion, ainsi que les scientifiques chinois renommés comme Hua Luogeng, Wu Youxun, Zhu Kezhen, Yan Jici, Ye Qisun, Zhuang Qitai, etc.

China and France had not yet established diplomatic relations. Fortunately with the help of the Chinese embassy in Switzerland, Hsiung Ching-lai managed to leave for Moscow by plane from Zurich, then via the Czech Republic, he finally arrived in Beijing on June 8, 1957 by a Soviet plane. His relatives were waiting for him in front of the plane, as well as renowned Chinese scientists like Hua Luogeng, Wu Youxun, Zhu Kezhen, Yan Jici, Ye Qisun, Zhuang Qitai, etc.

199

1957年6月10日，《光明日报》报道："……从法国回国的著名数学家熊庆来教授8日晨到达北京……著名的物理学家赵忠尧、严济慈和数学家华罗庚、段学复、许宝骡、庄圻泰、胡坤陞都是熊庆来的高足……"中国科学院数学研究所举行的隆重欢迎大会上，熊庆来发表了热情洋溢的讲话，决心将自己的余生完全贡献给祖国的科学事业。

Le 10 juin 1957, le "Guangming Daily" rapporta que "... Le professeur Hsiung Ching-lai, un mathématicien célèbre revenu de France, est arrivé à Pékin ce matin ... Les physiciens célèbres Zhao Zhongyao, Yan Jici, et les mathématiciens Hua Luogeng, Duan Xuefu et Xu Baoquan, Zhuang Qitai et Hu Kunsheng sont tous élèves de Hsiung Ching-lai ... " Lors de la conférence de bienvenue organisée par l'Institut de mathématiques de l'Académie chinoise des sciences, Hsiung Ching-lai prononça son discours en montrant sa détermination à contribuer pleinement le reste de sa vie à la cause scientifique du pays.

On June 10, 1957, the "Guangming Daily" reported that "...Professor Hsiung Ching-lai, a famous mathematician who returned from France, arrived in Beijing this morning...Famous physicists Zhao Zhongyao, Yan Jici, and the mathematicians Hua Luogeng, Duan Xuefu, Xu Baolu, Zhuang Qitai and Hu Kunsheng are all students of Hsiung Ching-lai..." At the welcome lecture held by the Institute of Mathematics of the Chinese Academy of Sciences, Hsiung Ching-lai delivered his speech by showing his determination to fully contribute the rest of his life to the scientific cause of the country.

熱烈歡迎熊慶來先生

中國科學院數學研究所

中国科学院将熊庆来安排住在中关村中国科学院26号楼的宿舍。熊庆来在妻子的陪伴照顾下，重新开始了平静、温馨的家庭生活。那时，女儿秉慧已经毕业于云南大学生物系，分配到河北邯郸第一中学任教。最小的儿子秉群已经毕业于北京邮电学院，并留校做了助教。新中国成立后组织安排秉衡在昆明团市委工作，熊庆来认为，秉衡应完成大学学业再工作；秉衡遵照父亲的建议，经组织批准离职，又再次考试进入云南大学物理系学习。

L'Académie chinoise des sciences attibua à Hsiung Ching-lai un logement de l'Académie à Zhongguancun. Hsiung Ching-lai recommenca une vie de famille paisible avec sa femme (en 1955, le statut de " propriétaire de l'ancienne regime " de sa femme fut annulé et changé en "enseignant"). A cette époque, leur plus jeune fils Bingqun était diplômé de l'Université des Postes et Télécommunications de Pékin et restait à l'école en tant qu'enseignant assistant. Leur cinquième fils Bingheng fut affecté au comité municipal de la Ligue de la jeunesse de Kunming. Suivant les conseils de son père, Bingheng entra au département de physique de l'université du Yunnan pour poursuivre ses études.

The Chinese Academy of Sciences assigned Hsiung Ching-lai Academy accommodation in Zhongguancun. Hsiung Ching-lai resumed a peaceful family life with his wife. At that time, their youngest son Bingqun had graduated from Beijing Posts and Telecommunications University and remained in school as an assistant teacher. Their fifth son Bingheng was assigned to the Kunming Municipal Youth League Committee. Following his father's advice, Bingheng entered the physics department of Yunnan University to continue his studies.

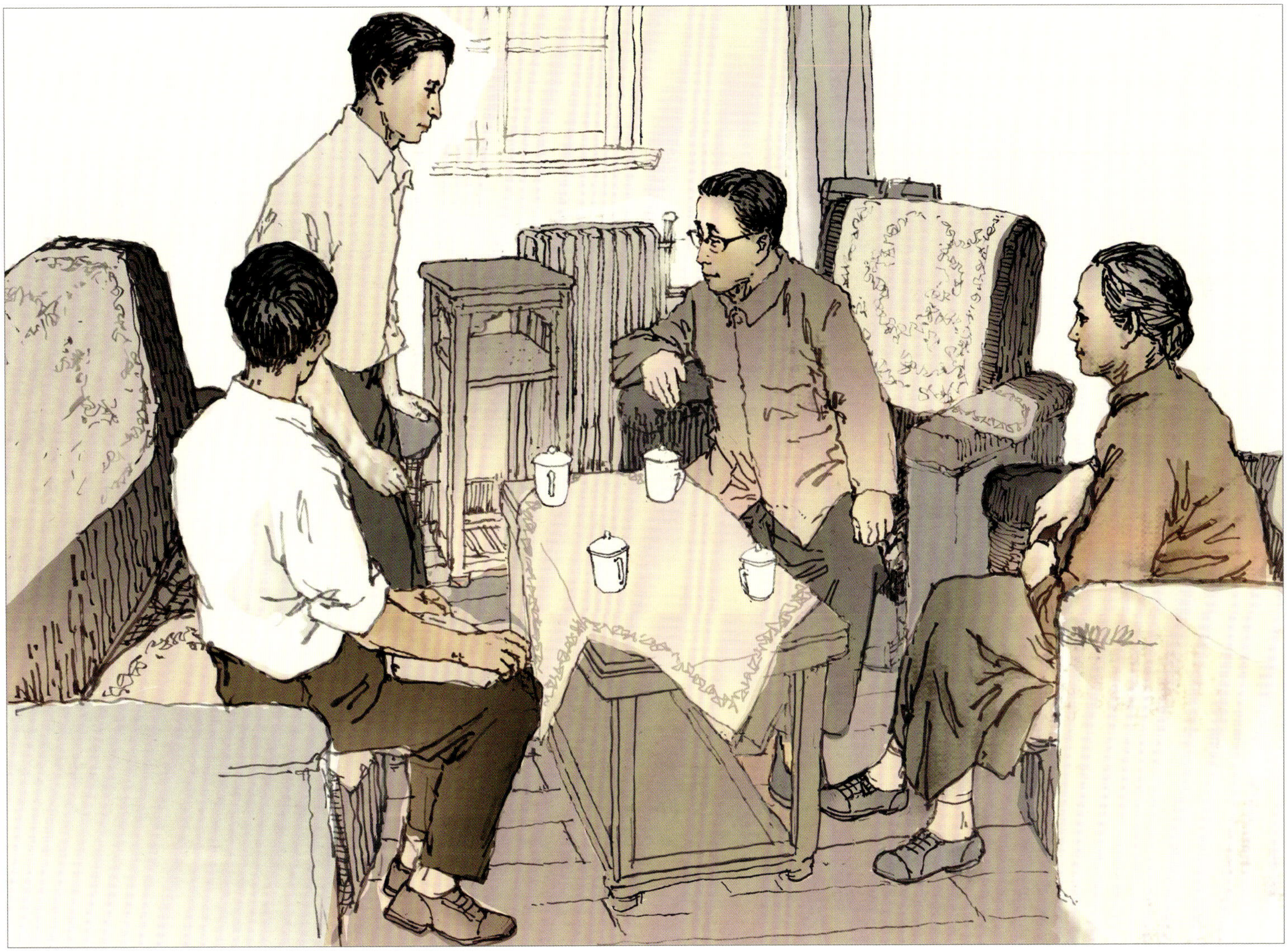

熊庆来回国才一年多，就撰写了六篇论文，陆续发表于1958年的《中国科学》《科学纪录》《数学学报》等国内重要的数学和科学杂志上。1959年，中科院决定编写《中国科学十年》丛书，熊庆来担任了数学部分中的函数论部分的撰写。作为中国科学院数学研究所所长的华罗庚，为自己的老师熊庆来取得的成就由衷地高兴。

Un an après le retour de Hsiung Ching-lai en Chine et il rédigea six articles publiés en dans "Chinese Science" "Science Record" "Acta Mathematics" et dans d'autres revues nationales importantes. En 1959, il participa à l'écriture de la série "Décennie de la science chinoise " pour la partie théorie des fonctions mathématiques. Le directeur de l'Institut de mathématiques de l'Académie chinoise des sciences, Hua Luogeng remercia à plusieurs reprises son ancien professeur Hsiung Ching-lai pour sa contribution.

One year after Hsiung Ching-lai returned to China, he wrote six articles published in "Chinese Science" "Science Record" "Acta Mathematics" and other major national journals. In 1959, he participated in the writing of the "Decade of Chinese Science" series for the theory of mathematical functions. The director of the Institute of Mathematics of the Chinese Academy of Sciences, Hua Luogeng repeatedly thanked his former teacher Hsiung Ching-lai for his contribution.

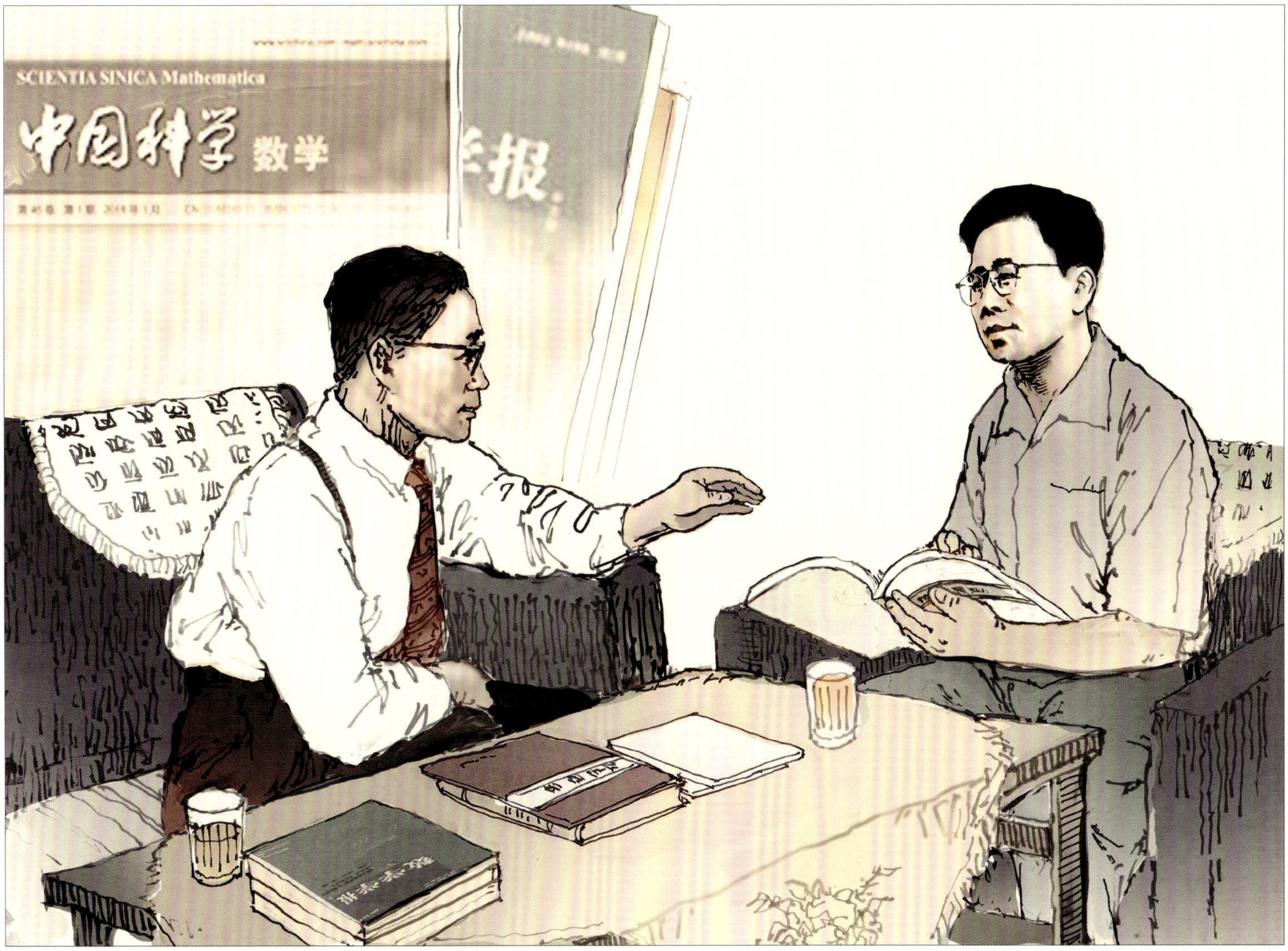
SCIENTIA SINICA Mathematica
中国科学 数学

熊庆来一生抱着"科学救国""教育救国"的理想，深知人才对于国家的重要性，他爱才若渴、呕心沥血地培养人才。即使是在那个与西方世界的研究完全隔绝的年代里，熊庆来在中科院数学研究所也带领着年青一代进入了函数论研究的前沿。毕业于北京大学的杨乐和张广厚，是熊庆来最后指导的两名研究生。现在，中国科学院院士杨乐已经是国际数学界的领军人物。

Hsiung Ching-lai soutint l'idée de " la science et l'éducation pour sauver la nation " tout au long de sa vie. À l'ère de l'isolement complet du monde occidental, Hsiung Ching-lai conduisit la jeune génération à l'avant-garde de la recherche en théorie fonctionnelle à l'Institut de mathématiques de l'Académie chinoise des sciences. Yang Le et Zhang Guanghou, diplômés de l'Université de Pékin, furent les deux derniers étudiants diplômés sous la direction de Hsiung Ching-lai. Aujourd'hui, Yang Le, académicien de l'Académie chinoise des sciences, est déjà une figure du cercle international des mathématiques.

Hsiung Ching-lai supported the idea of "science and education to save the nation" throughout his life. In the era of complete isolation from the Western world, Hsiung Ching-lai led the younger generation at the forefront of functional theory research at the Institute of Mathematics of the Chinese Academy of Sciences. Yang Le and Zhang Guanghou, graduates of Peking University, were the last two graduate students under Hsiung Ching-lai. Today, Yang Le, academician of the Chinese Academy of Sciences, is already a figure in the international circle of mathematics.

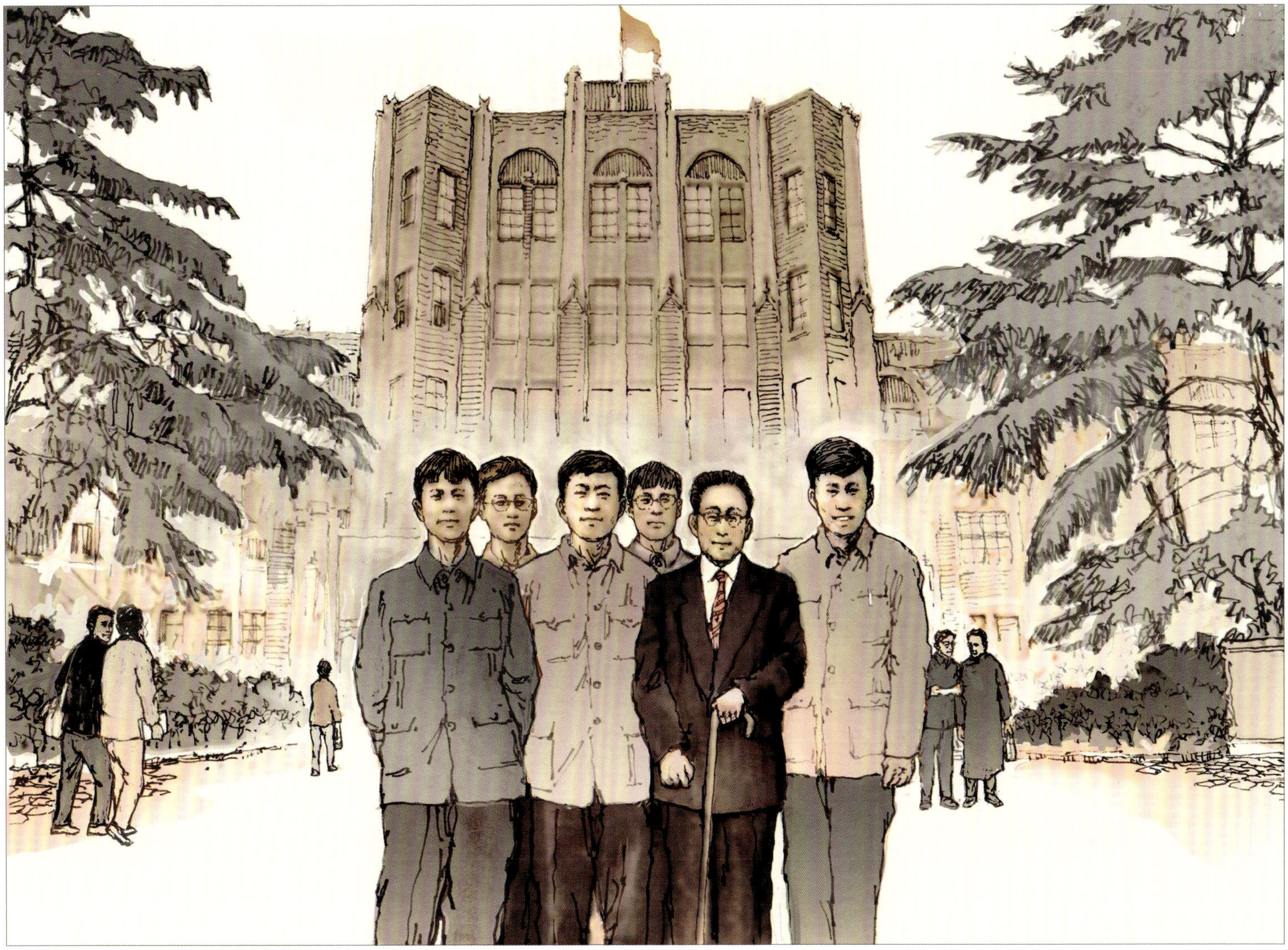

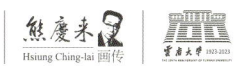

熊庆来回国后，在科学研究及人才培养方面做出了积极贡献。1959年4月，他以无党派人士的身份当选为第三届全国政协委员，1964年又当选为第四届政协常委。他积极为祖国的现代化建设建言献策，曾提出开发地热作为能源等提议。1964年元旦，他和夫人应邀参加全国政协元旦庆祝宴会，被安排与开国元勋朱德同桌会餐的熊庆来，为国家对自己的信任深深感动。

En avril 1959, Hsiung Ching-lai fut élu membre du troisième Comité national de la CCPPC en tant que personne sans affiliation à un parti. En 1964, il fut élu membre du Comité permanent de la quatrième CCPPC. Il contribua activement à la modernisation de la patrie et il fit des suggestions pour le développement de l'énergie géothermique comme source d'énergie. Pour la fête du Nouvel An en 1964, lui et sa femme furent invités au banquet de célébration de la CCPPC. Ils étaient installés à la même table que le général Zhu De.

In April 1959, Hsiung Ching-lai was elected a member of the Third National Committee of the CPPCC as a person without party affiliation. In 1964, he was elected a member of the Standing Committee of the Fourth CPPCC. He actively contributed to the modernization of the country and made suggestions for the development of geothermal energy as a source of energy. For the New Year's Day in 1964, he and his wife were invited to the CPPCC celebration banquet. They were seated at the same table as General Zhu De.

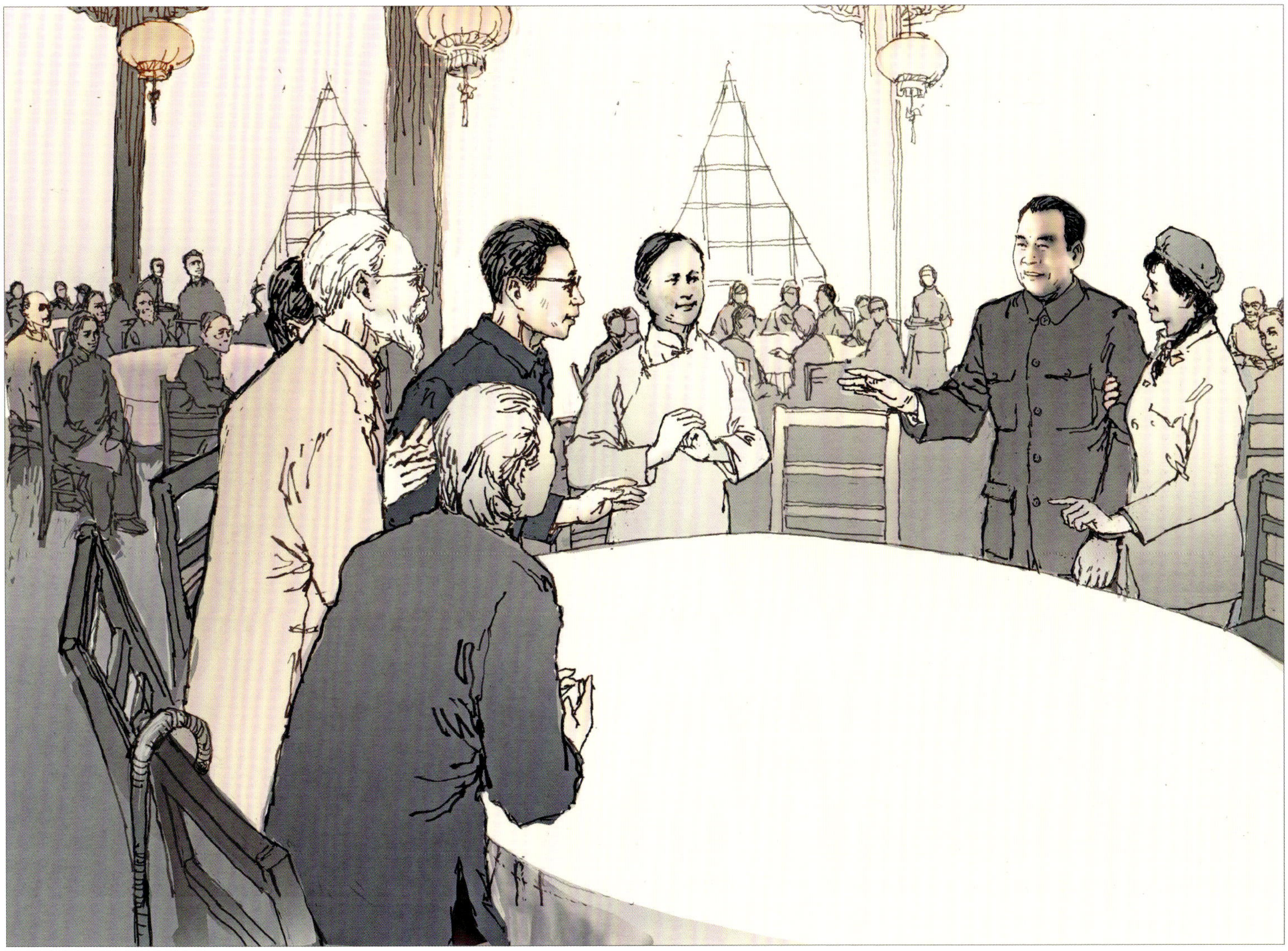

1964年10月16日，我国第一颗原子弹爆炸成功了！熊庆来夫妇为祖国取得的巨大成就激动得热泪盈眶。这项震惊世界的研究成果是在高度保密的环境下，由中国科研及工程技术人员，在毛泽东主席提出的自力更生精神的鼓舞下完成的。当时法国《世界报》曾以"'原子弹之父'是约里奥·居里的学生"为题报道了中国科学家钱三强的事迹，文中称："……钱三强在他的事业初期所受到的法国科学文化的影响，来源于他的数学老师熊庆来这位曾长时间生活在法国、于1957年回归中国的资深老教授……"

Le 16 octobre 1964, l'essai de la première bombe atomique de la Chine fut un succès. Ce résultat de recherche fut réalisé dans un environnement hautement confidentiel par des chercheurs scientifiques chinois. Les élèves de Hsiung Ching-lai, comme Qian Sanqiang et d'autres faisaient partie de l'équipe contributrice du projet. Le journal français "Le Monde" rapportait l'histoire du scientifique chinois Qian Sanqiang sous le titre de "le père de la bombe atomique était un élève de Joliot Curie. "L'article cita:"...On peut ajouter que l'orientation française de M. Chien au début de sa carrière lui vint de son maître, le mathématicien chinois Hsiung Ching-lai, vieux professeur qui vécut longtemps en France et regagna lui-même la Chine bien après la révolution, en 1957..."

On October 16, 1964, China's first atomic bomb was tested successfully. This research result was carried out in a highly confidential environment by Chinese scientific researchers. Students from Hsiung Ching-lai, like Qian Sanqiang and others were part of the contributing team of the project. The French newspaper "Le Monde" reported the story of Chinese scientist Qian Sanqiang under the title "The Father of the Atomic Bomb Was a Student of Joliot Curie". The article quoted: "...It may be added that the Mr. Chien's French orientation at the beginning of his career came to him from his master, the Chinese mathematician Hsiung Ching-lai, an old professor who lived for a long time in France and returned to China himself well after the revolution, in 1957..."

人民日报
号外
1964年10月16日
加强国防建設的重大成就，对保卫世界和平的重大貢献
我国第一颗原子弹爆炸成功
我国政府发表声明，郑重建议召开世界各国首脑会议，
讨论全面禁止和彻底销毁核武器问题

1958年，为让熊庆来能更好地工作，经中国科学院安排，他的家搬到中科院31号较宽敞的宿舍楼。这时，长子秉信是昆明冶金地质勘探公司云锡勘探队总工程师，其女有德随爷爷奶奶在北京上学。为减轻熊庆来书写的困难，在北京工作的秉群时常为熊庆来抄写数学研究论文。每逢节假日，秉信及在国内其他城市工作的子女均尽可能到北京看望父母，这让熊庆来心情十分愉悦。

En 1958, pour permettre à Hsiung Ching-lai de mieux travailler, la famille de Hsiung déménagea dans un logement plus spacieux au bâtiment 31 de l'Académie chinoise des sciences. A ce moment-là, son fils aîné Bingxin fut promu l'ingénieur en chef de l'équipe d'exploration Yunxi de la société d'exploration géologique métallurgique de Kunming. Et sa fille Hsiung Youde habita avec Hsiung Ching-lai et sa femme pendant ses études à Pékin. Leur sixième fils aida souvent Hsiung Ching-lai à rédiger des documents de recherche en mathématiques. Les autres enfants les rendaient visite régulièrement. C'était une période paisible dans la vie de Hsiung Ching-lai.

In 1958, to enable Hsiung Ching-lai to work better, Hsiung's family moved to more spacious accommodation in Building 31 of the Chinese Academy of Sciences. At that time, his eldest son Bingxin was promoted to the chief engineer of the Yunxi Exploration Team of the Kunming Metallurgical Geological Exploration Company. And his granddaughter Hsiung Youde lived with Hsiung Ching-lai and his wife while studying in Beijing. Bingqun often helped Hsiung Ching-lai write research papers in mathematics. The other children visited them regularly. It was a peaceful time in Hsiung Ching-lai's life.

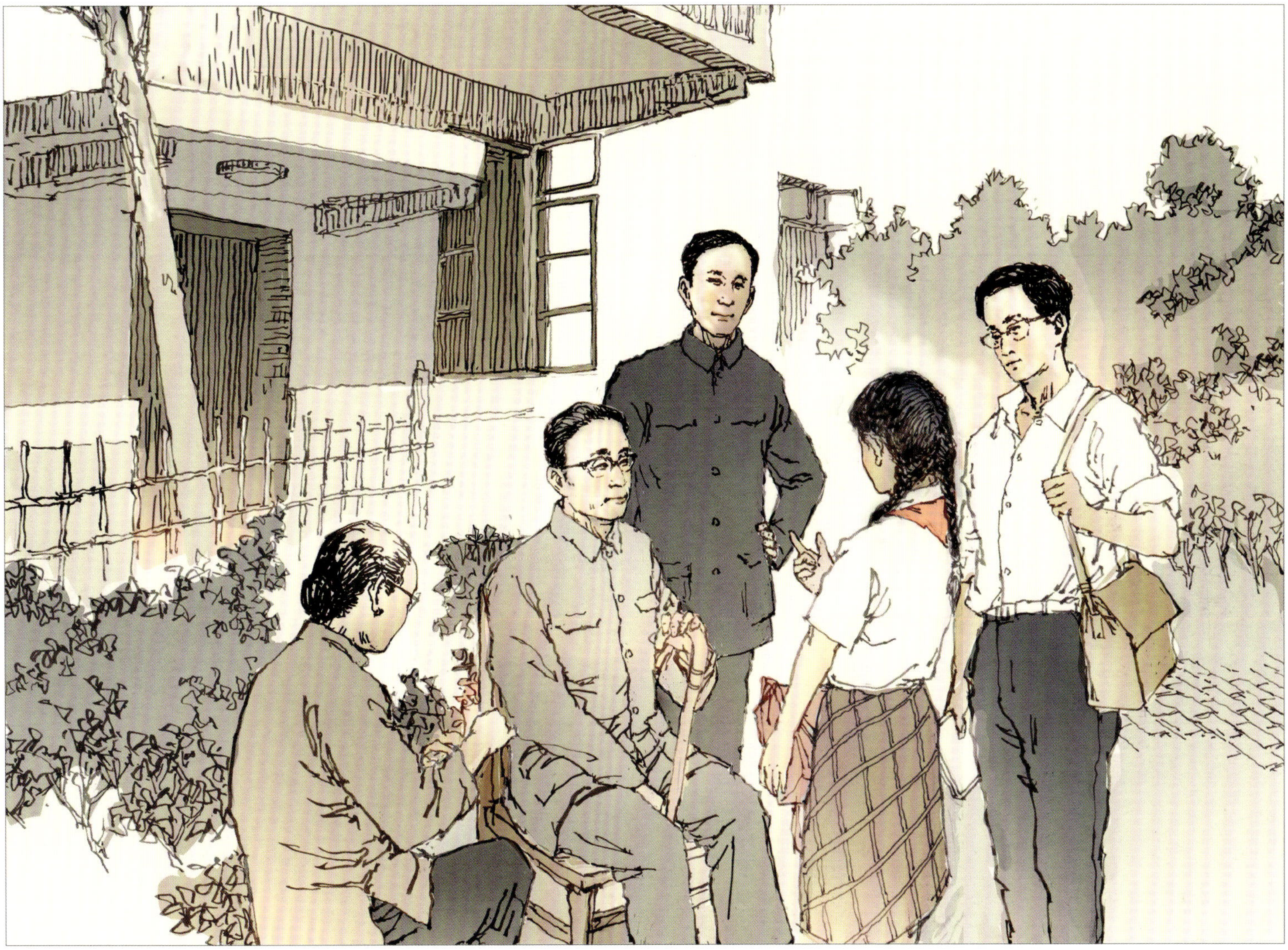

熊庆来回国后，因身体原因，基本没有参加过什么政治运动，非常幸运地没有受到政治运动的冲击。然而，这种平静的日子被严酷的大劫难——"文化大革命"彻底打破了。1966年开始，中科院数学研究所也毫无例外地卷入了这场"革命"。

Après le retour de Hsiung Ching-lai en Chine, pour des raisons de santé, il ne participait pratiquement à aucun mouvement politique et était très chanceux de ne pas être affecté par des campagnes politiques. Cependant, cette période paisible fut complètement interrompue par la "Révolution culturelle". A partir de 1966, l'Institut de Mathématiques fut malheureusement impliqué dans cette "révolution" sans exception.

After Hsiung Ching-lai returned to China, for health reasons, he hardly participated in any political movement and was very lucky not to be affected by political campaigns. However, this peaceful period was completely interrupted by the "Cultural Revolution". On 1966, the Institute of Mathematics was unfortunately involved in this "revolution".

215

受"文化大革命"的影响,数学研究所里的一些"造反派"将几乎所有的高级研究人员都打成"反动学术权威",他们将华罗庚和熊庆来抓在一起进行批斗。从 1966 年 8 月起,华罗庚及熊庆来在所里一次次受到批判和冲击……已经 73 岁高龄、疾病缠身的熊庆来身心受到极大的打击和摧残。

Influencé par la "Révolution de cultural", les "rebelles" de l'Institut de Mathématiques qualifièrent presque tous les chercheurs chevronnés d' "Autorités académiques réactionnaires". Depuis août 1966, Hua Luogeng et Hsiung Ching-lai furent critiqués et jugés sévèrement à maintes reprises. Hsiung Ching-lai, 73 ans, fut profondément blessé à la fois physiquement et mentalement.

Influenced by the "Cultural Revolution", the "rebels" of the Institute of Mathematics branded nearly all of the senior scholars as "Reactionary Academic Authorities". Since August 1966, Hua Luogeng and Hsiung Ching-lai have repeatedly been criticized and judged harshly. Hsiung Ching-lai, 73, was deeply injured both physically and mentally.

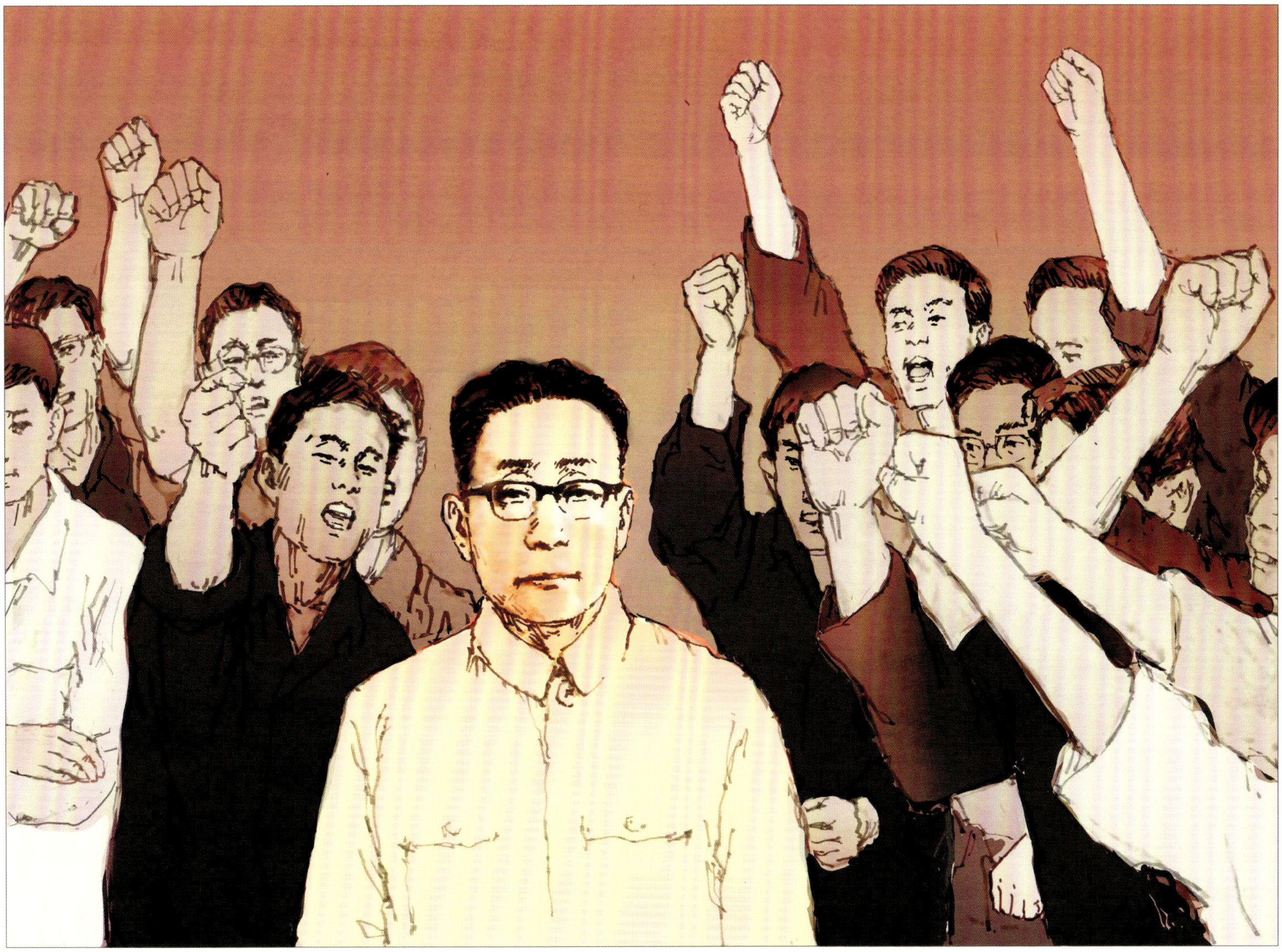

"造反派"在对专家学者们进行批斗的同时,还强行挤占老一辈知识分子们相对宽松一点的住房。1968年下半年,熊庆来家中住进了另外三家人,熊庆来老夫妇仅剩一间卧室,家早已不复为家。紧接着熊庆来的工资被扣发,银行存款被冻结,他和妻子每月每人仅发给15元的生活费。

Les rebelles firent également pression sur les logements des intellectuels. En 1968, Hsiung Ching-lai emménaga dans une maison avec trois autres familles. Le couple Hsiung Ching-lai n'avait qu'une minuscule chambre et était très surveillés. Son salaire fut suspendu, ses dépôts bancaires furent gelés. Ils ne reçurent que 15 yuans par mois pour vivre.

The "rebels" also put pressure on the housing of intellectuals. In 1968, Hsiung Ching-lai moved into a house with three other families. The Hsiung Ching-lai couple only had a tiny room and were closely watched. His salary was suspended, and his bank deposits were frozen. They only received 15 *yuan* a month to live on.

219

每天，熊庆来只能艰难地在拥挤不堪的狭小卧室内没完没了地写"交代材料"，并不时去接受造反派无休止的批斗、侮辱……1969年2月3日凌晨，心力交瘁的他在写完最后一份"交代材料"后，倒在床上睡去，再也经受不住迫害和折磨的熊庆来先生终于撒手人寰，在北京的严寒中离开了人世。

Chaque jour, Hsiung Ching-lai ne pouvait écrire que des " documents d'explication " sans fin dans la chambre bondée et étroite, et de temps en temps accepter des critiques et des insultes sans fin des rebelles ... Au petit matin du 3 février 1969, épuisé, il est tombé dans son lit et s'est endormi après avoir écrit les derniers " documents de confession ", incapable de résister à la persécution, il est finalement décédé et est mort dans le froid glacial de Pékin.

Every day, Hsiung Ching-lai wrote his forced confession endlessly. His healthy condition worsened. He continued being criticized and humiliated by the "rebels"... On February 3, 1969, Hsiung Ching-lai died in the freezing Beijing winter.

221

熊庆来去世时，远在云南的秉信及在长沙的秉衡都在接受"审查"，不能来京为父亲奔丧。3天后，数学研究所"革委会"通知熊夫人及其子女：熊庆来的问题是"敌我矛盾作人民内部矛盾处理"，可以火化遗体了。严济慈知道这个结论后立即赶到中关村，流着眼泪向熊庆来的遗体鞠躬告别。华罗庚赶来时熊庆来的遗体已经送殡仪馆，他在停尸间10多具覆盖着白布的遗体中一一找寻，最后，对着他最敬重、挚爱的老师和朋友，深深地鞠躬告别。

Lorsque Hsiung Ching-lai décéda, son fils aîné et son cinquième fils, étaient tous les deux retenus par les rebelles pour leur "jugement" et ne purent pas venir à Pékin pour pleurer leur père. Trois jours plus tard, le "Comité Révolutionnaire" de l'Institut de Mathématiques décida d'incinérer son corps. En précipitation, ses élèves Yan Jici et Hua Luogeng purent venir faire leur adieu à leur professeur et leur ami.

When Hsiung Ching-lai died, Bingxin and Bingheng were both held by the "rebels" for their "judgment" and could not come to Beijing to mourn their father. Three days later, the "Revolutionary Committee" of the Institute of Mathematics decided to cremate his body. In haste, his students Yan Jici and Hua Luogeng were able to come and bid farewell to their teacher and their friend.

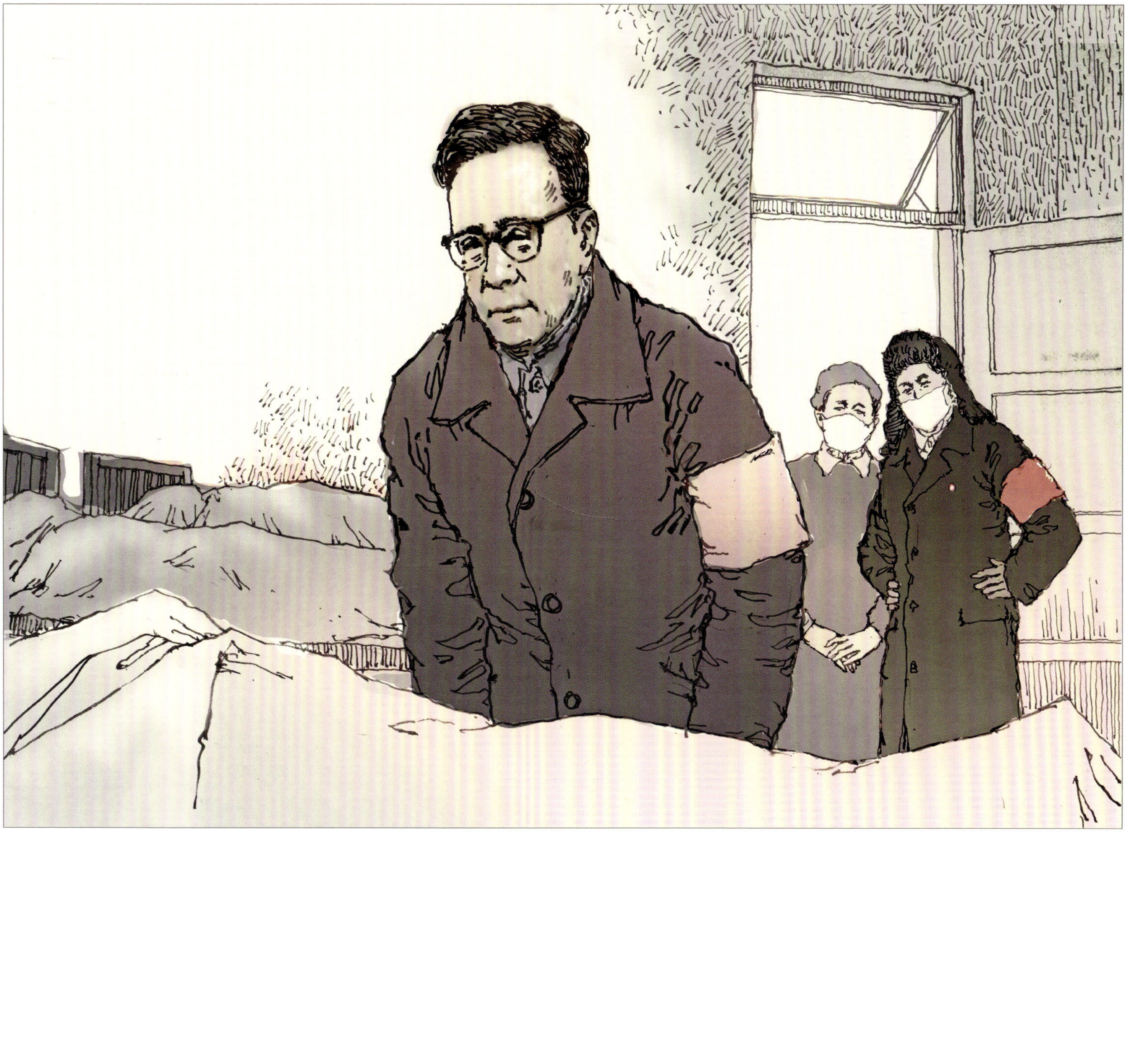

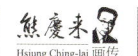

熊庆来生前曾多次说过自己百年之后，数学藏书捐给数学研究所，其他藏书捐给北京图书馆，收藏的几幅字画则捐给国家博物馆。他逝世后，研究所派人来选走了22册法国的经典原著，北京市文物事业管理局来人，作为"查抄"文物收走了徐悲鸿的《奔马》《鹰》《竹》3幅画。遗憾的是，数学研究所"革委会"收走的熊庆来写好、尚未发表的3篇重要论文以及《近代复变函数论》等3部书的译稿，最后竟然都丢失了……

Avant sa mort, Hsiung Ching-lai avait exprimé ses souhaits d'offrir sa collection de documents mathématiques à l'Institut de mathématiques national, et également ses collections de calligraphies et peintures à la bibliothèque de Beijing. Après la mort de Hsiung Ching-lai, le "Comité révolutionnaire" saisirent de force les 22 classiques oeuvres publiés en France ainsi que les oeuvres de peinture comme le "Running Horse" de Xu Beihong et trois tableaux représentant un "aigle" et un "bambou". Malheureusement, il y a trois articles de recherche importants écrits par Hsiung Ching-lai pas encore publiés, ainsi que les traductions de trois livres tels que " La théorie des fonctions complexes modernes " furent réquisitionnés par le " Comité révolutionnaire " et furent finalement perdues ...

Before his death, Hsiung Ching-lai had expressed his wishes to donate his collection of mathematical documents to the National Institute of Mathematics, and also his collections of calligraphy and paintings to the Beijing Library. After Hsiung Ching-lai's death, the "Revolutionary Committee" forcibly seized the 22 classic works published in France as well as painting works such as Xu Beihong's "Running Horse" "Eagle" and "Bamboo". The last writings of Hsiung Ching-lai were also seized and then lost...

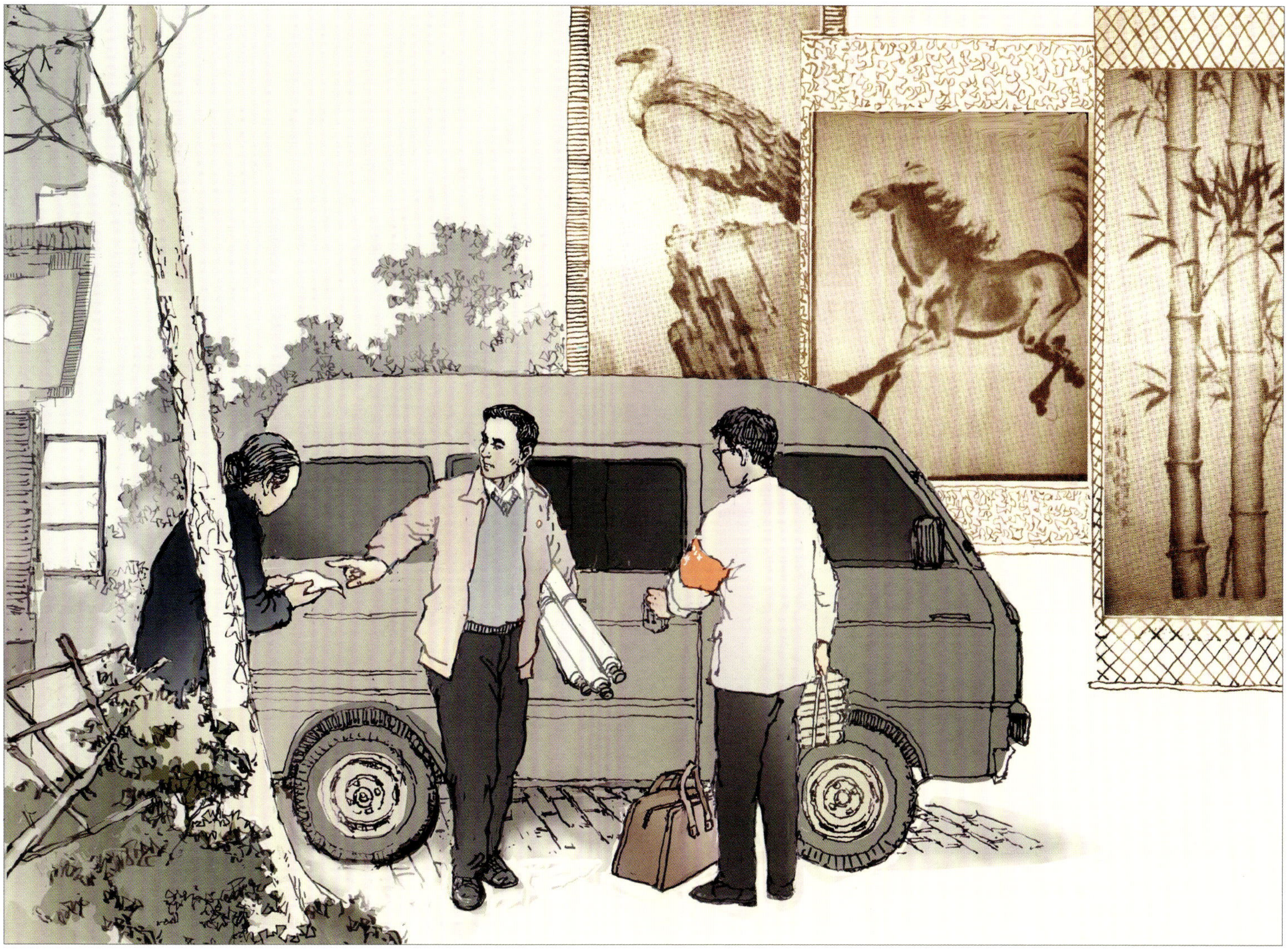

1976年10月,"四人帮"被打倒,给中国人民带来深重灾难的十年"文化大革命"终于结束了。1978年,中国科学院为熊庆来等一批在"文化大革命"中被迫害致死的著名科学家恢复了名誉,同年3月16日,在八宝山革命公墓礼堂隆重举行了熊庆来先生的骨灰安放仪式。仪式由时任科学院副院长的童第周主持,钱三强致悼词。中国科学院领导,数学研究所、高等院校及科学界许多著名科学家、学者、研究人员,如张劲夫,胡克实、周培源、严济慈、华罗庚、王淦昌、范秉哲、陈景润等300多人参加了仪式。

En octobre 1976, la Révolution culturelle qui avait entraîné de grandes catastrophes pour le peuple chinois prit fin enfin. Le 16 mars 1978, l'Académie chinoise des sciences annula l'accusation sur Hsiung Ching-lai et d'autres scientifiques qui étaient persécutés à mort pendant la Révolution culturelle. Leurs cendres furent déposées dans le cimetière national révolutionnaire de Babaoshan. Une cérémonie du recueil fut organisée et présidée par Tong Dizhou, alors vice-président de l'Académie des sciences. Qian Sanqiang, vice-président, prononça un éloge funèbre. De nombreux scientifiques, universitaires et chercheurs, tels que Zhang Jinfu, Hu Keshi, Zhou Peiyuan, Yan Jici, Hua Luogeng, Wang Ganchang, Fan Bingzhe, Chen Jingrun et plus de 300 personnes participèrent à la cérémonie.

In October 1976, the "Cultural Revolution" which had caused great disasters for the Chinese people finally came to an end. On March 16, 1978, the Chinese Academy of Sciences dropped the charge against Hsiung Ching-lai and other scientists who were persecuted to death during the "Cultural Revolution". Their ashes were placed in the Babaoshan National Revolutionary Cemetery. A collection ceremony was organized and chaired by Tong Dizhou, then vice-president of the Academy of Sciences. Qian Sanqiang, vice president, gave a eulogy. Many scientists, scholars and researchers, such as Zhang Jinfu, Hu Keshi, Zhou Peiyuan, Yan Jici, Hua Luogeng, Wang Ganchang, Fan Bingzhe, Chen Jingrun and more than 300 people attended the ceremony.

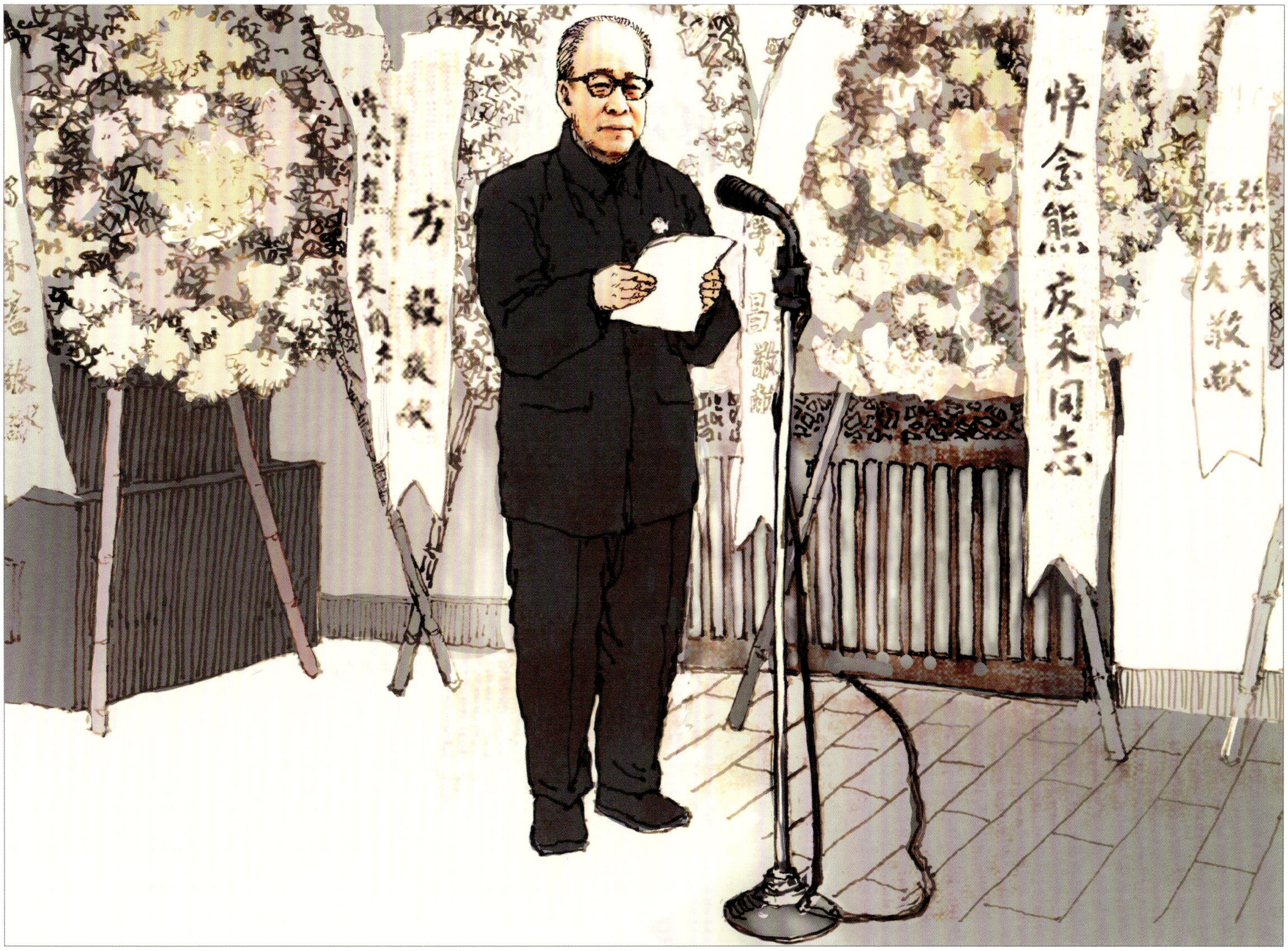
悼念熊庆来同志
方毅敬献

熊庆来平反昭雪后，1979年出版的《辞海》中加入了"熊庆来"词条。为让后人充分了解熊庆来在数学上的成就和对中国教育事业的贡献，1987年中国数学学会出版了《熊庆来数学论文选集》。该书由杨乐主编，严济慈、华罗庚二人合写了题为"纪念杰出数学家和教育家熊庆来先生"的代前言。1992年，我国发行了熊庆来及梁思成等4位著名科学家的纪念邮票。熊庆来的名字将在中华文化的传承和发展中传扬下去。

Après la réhabilitation de Hsiung Ching-lai, l'expression " Hsiung Ching-lai " fut ajoutée à " Ci Hai " (Le dictionnaire national chinios) publiée en 1979. En 1987, le comité Mathématique Chinoise publia "Articles choisis sur les publications mathématiques de Hsiung Ching-lai". Le livre était rédigé par Yang Le. Les scientifiques Yan Jici et Hua Luogeng écrivirent conjointement l'avant-propos intitulé " À la mémoire du mathématicien et éducateur exceptionnel M. Hsiung Ching-lai ". En 1992, la Chine émit des timbres commémoratifs pour 4 scientifiques, dont Hsiung Ching-lai.

After Hsiung Ching-lai's rehabilitation, the phrase "Hsiung Ching-lai" was added to "Ci Hai" (The National Chinio Dictionary) published in 1979. In 1987, the Chinese Mathematics Committee published "Selected Papers on Hsiung Ching-lai's Mathematical Publications". The book was written by Yang Le. Scientists Yan Jici and Hua Luogeng jointly wrote the foreword titled "In Memory of the Outstanding Mathematician and Educator Mr. Hsiung Ching-lai". In 1992, China issued commemorative stamps for 4 scientists, including Hsiung Ching-lai.

229

熊庆来的夫人姜菊缘女士怀着慈爱与宽容对待人世间的一切。她将"文化大革命"中"被查抄"而归还的徐悲鸿的三幅画作以及南京后来退还的房屋变卖后，在云南大学及清华大学设立了"熊庆来奖学金"。1988 年 7 月 18 日，诺贝尔奖获得者杨振宁参加并在云南大学首届"熊庆来奖学金颁奖仪式"上发言，阐述了熊庆来先生的贡献及他对熊庆来先生及夫人的敬重之情。1989 年 5 月，96 岁高龄的熊夫人平静地走完了自己的人生。

Mme Hsiung, Jiang Juyuan, traita le reste de sa vie et le monde avec douceur et tolérance. Après avoir vendu les trois tableaux de Xu Beihong "confisqués" pendant la Révolution culturelle et la maison restituée à Nanjing, elle crea "Les bourses Hsiung Ching-lai". Le 18 juillet 1988, le lauréat du prix Nobel Yang Zhenning assista et prononça un discours à la première "cérémonie de remise des bourses d'études Hsiung Ching-lai". En mai 1989, Mme Hsiung, 96 ans, quitta le monde dans la sérénité.

Ms. Hsiung looked at the world with kindness and tolerance. After selling the three paintings by Xu Beihong "confiscated" during the "Cultural Revolution" and returning the house to Nanjing, she established "The Hsiung Ching-lai Scholarships" in Yunnan University and Tsinghua University. On July 18, 1988, Nobel Laureate Yang Zhenning attended and delivered a speech at the first "Hsiung Ching-lai Scholarship Award Ceremony". In May 1989, 96-year-old Ms. Hsiung peacefully left the world.

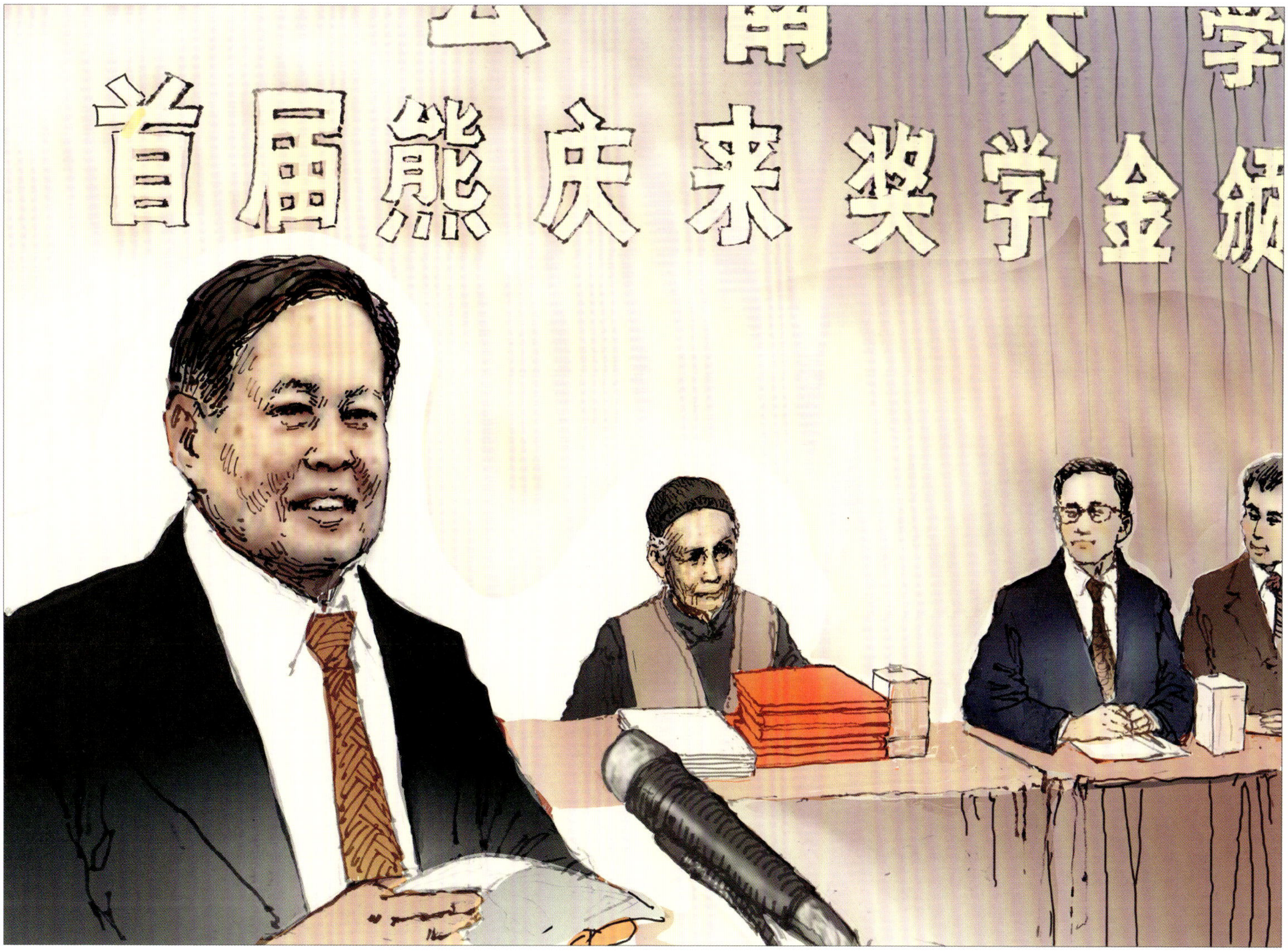
首届熊庆来奖学金颁

1992年10月6日，云南大学隆重举行纪念熊庆来100周年诞辰大会。参加大会者上千人，中科院数学所、清华大学、南京大学也发来贺电。熊庆来的二子、艺术家熊秉明为父亲制作了铜像，一座赠送给中国科学院数学研究所，一座赠给云南大学，以表达熊庆来以数学为终身专业，以教育为不可旁贷的责任的伟大人生。

Le 6 octobre 1992, l'Université du Yunnan organisa une grande cérémonie pour le 100e anniversaire de la naissance de Hsiung Ching-lai. Des milliers de personnes assistèrent à la cérémonie. Outre les messages de des parents et amis de Hsiung Ching-lai, l'Institut de mathématiques de l'Académie chinoise des sciences, l'Université Tsinghua et l'Université de Nanjing envoyèrent également des messages de reconnaissance. Le deuxième fils de Hsiung Ching-lai, l'artiste Hsiung Bingming réalisa des statues en bronze pour son père. L'une fut présentée à l'Institut de mathématiques de l'Académie chinoise des sciences, et l'autre fut installée à l'Université du Yunnan.

On October 6, 1992, Yunnan University held a grand ceremony for the 100th anniversary of the birth of Hsiung Ching-lai. Thousands of people attended the ceremony. Besides messages from relatives and friends of Hsiung Ching-lai, the Institute of Mathematics of the Chinese Academy of Sciences, Tsinghua University and Nanjing University also sent messages of appreciation. Hsiung Ching-lai's second son, artist Hsiung Bingming made bronze statues for his father. One was presented at the Institute of Mathematics of the Chinese Academy of Sciences, and the other was installed at Yunnan University.

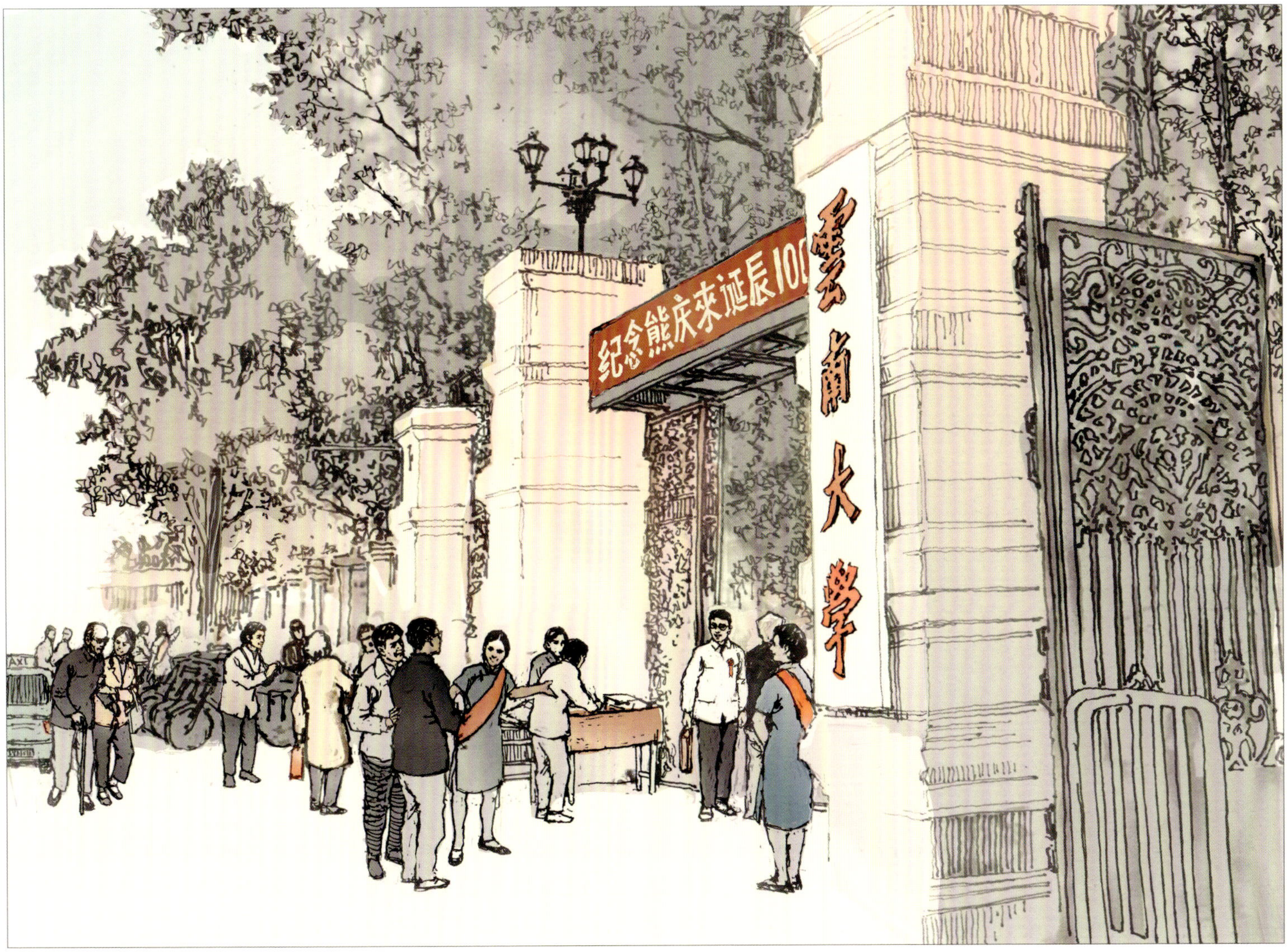
纪念熊庆來诞辰100
雲南大學

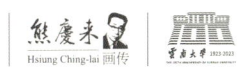

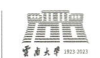

当今，"科学技术是第一生产力"已经成为人们的共识。熊庆来任云南大学校长期间，在他的办学精神感召下进入云南大学的许多青年学子及教师后来均成为栋梁之材。例如，西南林业大学（前身是云南林学院）的徐永椿教授即是从台湾归来的。新中国成立后，徐永椿曾任云南林学院院长，不但为新中国培养了大批林业科技人才，还留下了多部极其重要的林学专著。2018年10月，西南林业大学为熊庆来及徐永椿等人立了塑像，让年青一代记住对科学技术发展做出过杰出贡献的云南名人。

Aujourd'hui, nous reconnaissons que la science et la technologie sont les principales essences de la productivités. Durant la gouvernance de Hsiung Ching-lai l'Université du Yunnan, de nombreux experts et universitaires étaient à l'Université. Parmi eux, le professeur Xu Yongchun, de retour de Taiwan, forma un groupe de talents techniques, et apporta d'importantes contributions aux oeuvres de la monographie telles que "Encyclopedia of Chinese Agriculture", "Chinese Forestry" et "Yunnan Forestry Pictorial". En octobre 2018, le Southwest Forestry College installa une statue de M. Hsiung Ching-lai, mais aussi des statues de commémoration pour le professeur Xu Yongchun et d'autres scientifiques.

Today we recognize that science and technology are the main essences of productivity. During Hsiung Ching-lai's governance of Yunnan University, many experts and scholars were at the University. Among them, Professor Xu Yongchun, who returned from Taiwan, formed a group of technical talents, and made important contributions to monograph works. In October 2018, the Southwest Forestry College installed a statue of Mr. Hsiung Ching-lai, as well as commemorative statues for Professor Xu Yongchun and other scientists.

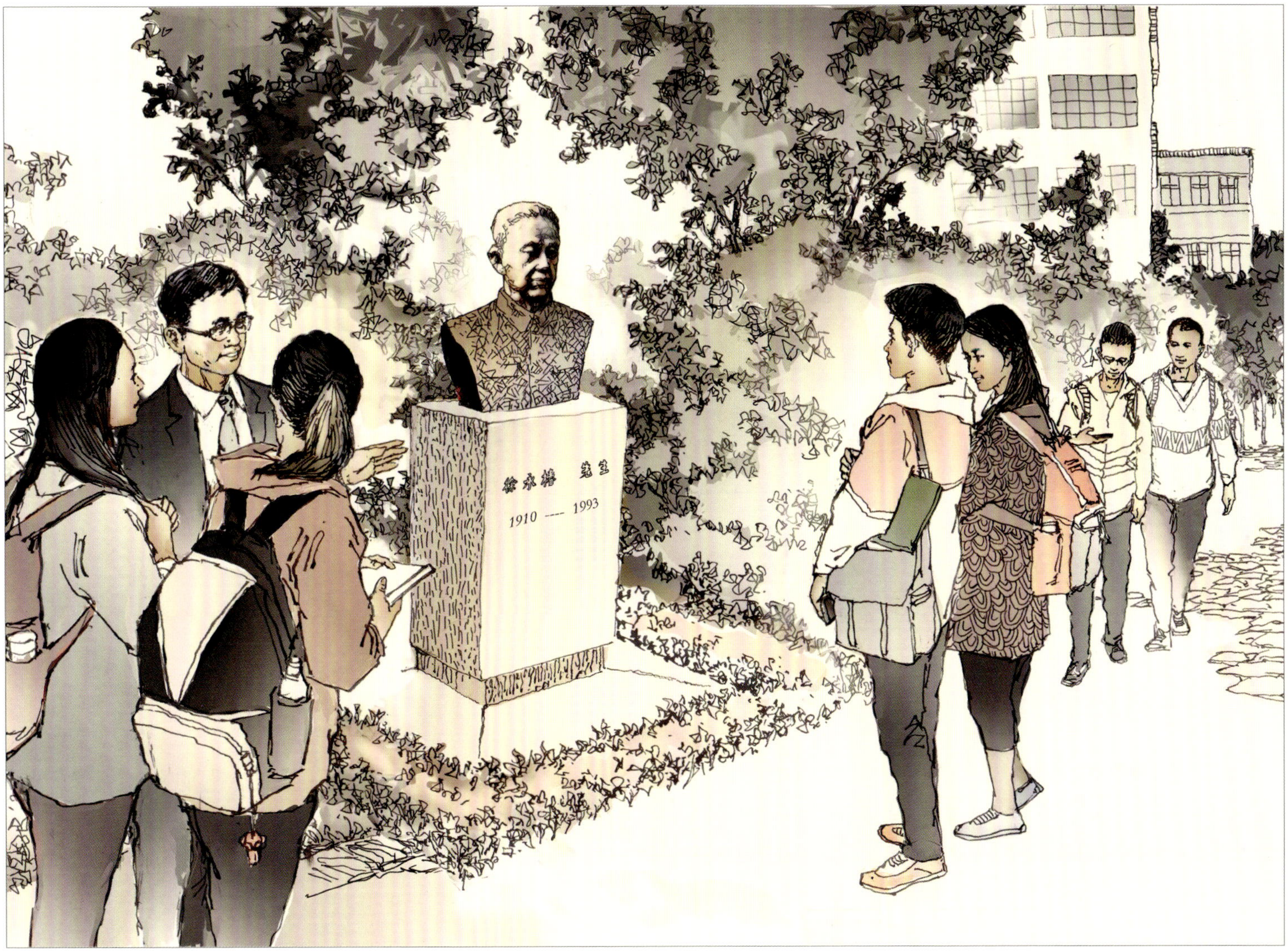
徐永椿 先生
1910 ---- 1993

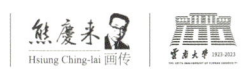

熊庆来担任云南大学校长的 12 年里，为新中国成立后云南大学的发展奠定了坚实的基础。20 世纪 40 年代，《不列颠百科全书》将云南大学列为中国 15 所世界著名大学之一。新中国成立后，云南大学物理系在全国享有盛名，1955 年建成的物理馆（理科三馆）已成为云南大学除至公堂和会泽院外的另一标志性建筑。

Au cours des 12 années de Hsiung Ching-lai en tant que président de l'Université du Yunnan, il a jeté des bases solides pour le développement de l'Université du Yunnan après la fondation de la Chine nouvelle. Dans les années 40 du 20ème siècle, l'Encyclopedia Britannica a classé l'Université du Yunnan comme l'une des 15 universités de renommée mondiale en Chine. Après la fondation de la République populaire de Chine, le département de physique de l'Université du Yunnan jouissait d'une réputation nationale, et la bâtiment de physique achevée en 1955 est devenue un autre bâtiment emblématique de l'Université du Yunnan en plus de Zhigongtang et Huize Yuan.

During Hsiung Ching-lai's 12 years as president of Yunnan University, he laid a solid foundation for the development of Yunnan University after the founding of New China. In the 40s of the 20th century, the "Encyclopedia Britannica" listed Yunnan University as one of the 15 world-renowned universities in China. After the founding of the People's Republic of China, the Department of Physics of Yunnan University was well-known throughout the country, and the physics museum completed in 1955 became another landmark building of Yunnan University in addition to the two buildings of Zhigong and Huize.

237

新中国成立后，按照苏联大学体制，在 1950 年开始进行全国范围内的院系调整。云南大学许多有特色与优势的学科或并入内地大学，或者迁出后成立新的学校。根据云南地区特色新建的大学虽然为这些学校的发展提供了机遇，然而，学科门类的削弱让云南大学逐渐失去"中国 15 所世界著名大学之一"的光环。值得庆幸的是，今天的云南大学又重新成为一所学科较为齐全、人才密集的全国重点综合性大学。现在，云南大学已入选全国"双一流"的高水平大学。

Après la fondation on de la Rèpublique populaire de Chine, conformément au système universitaire soviétique, un ajustement national des facultés eut lieu en 1950. De nombreuses disciplines présentent les caractéristiques et les avantages de l'Université du Yunnan furent fusionnées et modifiées. Peu à peu, l'Université du Yunnan perdit son aura de "l'une des 15 meilleures universités de Chine". Heureusement, l'Université du Yunnan d'aujourd'hui est redevenue une université nationale de premier plan avec des disciplines complètes et des talents en pédagogie. Récemment, l'Université du Yunnan fut nommée parmi les écoles "Double First Class" du pays.

After the founding of the People's Republic of China, in accordance with the Soviet university system, a nationwide adjustment of faculties took place in 1950. Many disciplines with the characteristics and advantages of Yunnan University were merged and modified. Gradually, Yunnan University lost its aura of "one of the top 15 universities in China". Fortunately, today's Yunnan University has once again become a leading national university with comprehensive disciplines and teaching talents. Recently, Yunnan University was named among the country's "Double First Class" schools.

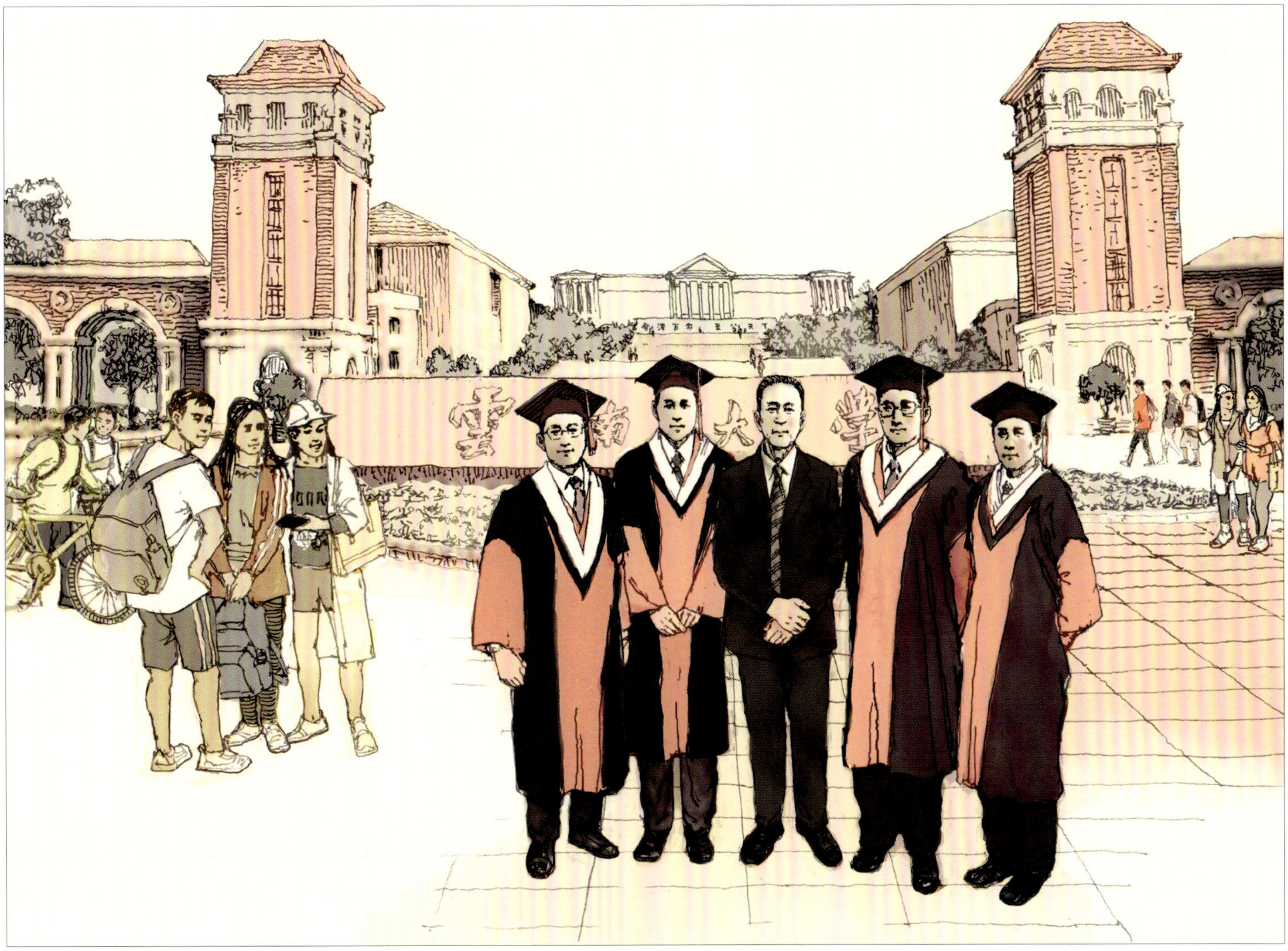
雲南大學

弥勒市人民政府为纪念熊庆来，将他的老家息宰村改名为庆来村，建立了以他的名字命名的庆来公园，并与云南省内企业共同创办了一所占地 2000 多亩，建筑面积 10 万多平方米的高水准的庆来学校。2013 年，熊庆来的故居被国家文物管理局批准为国家级重点文物保护单位。人们可以历史地、客观地、公正地评价熊庆来一生在数学研究和为国家教育事业发展中所做的贡献，人民将永远尊敬和怀念他。

Afin de commémorer Hsiung Ching-lai, la ville natale de Hsiung, Mile City, renomma le village de sa naissance Xizai Village en Qinglai Village. Et on créa le parc Qinglai,et également le lycée Qinglai Middle School avec plus de 2 000 acres et une zone de construction de plus de 100 000 mètres carrés. En 2013, l'ancienne résidence de Hsiung Ching-lai fut reconnue parmi les reliques culturelles nationales de protection. Les populations peuvent désormais y consulter les contributions de Hsiung Ching-lai à la recherche mathématique et au développement de l'éducation nationale.

In order to commemorate Hsiung Ching-lai, Hsiung's hometown, Mile City, renamed the village of his birth Xizai Village to Qinglai Village. And Qinglai Park was established, and also Qinglai Middle School with more than 2,000 acres and a construction area of more than 100,000 square meters. In 2013, the former residence of Hsiung Ching-lai was recognized among the national cultural relics of protection. People can now consult Hsiung Ching-lai's contributions to mathematical research and the development of national education.

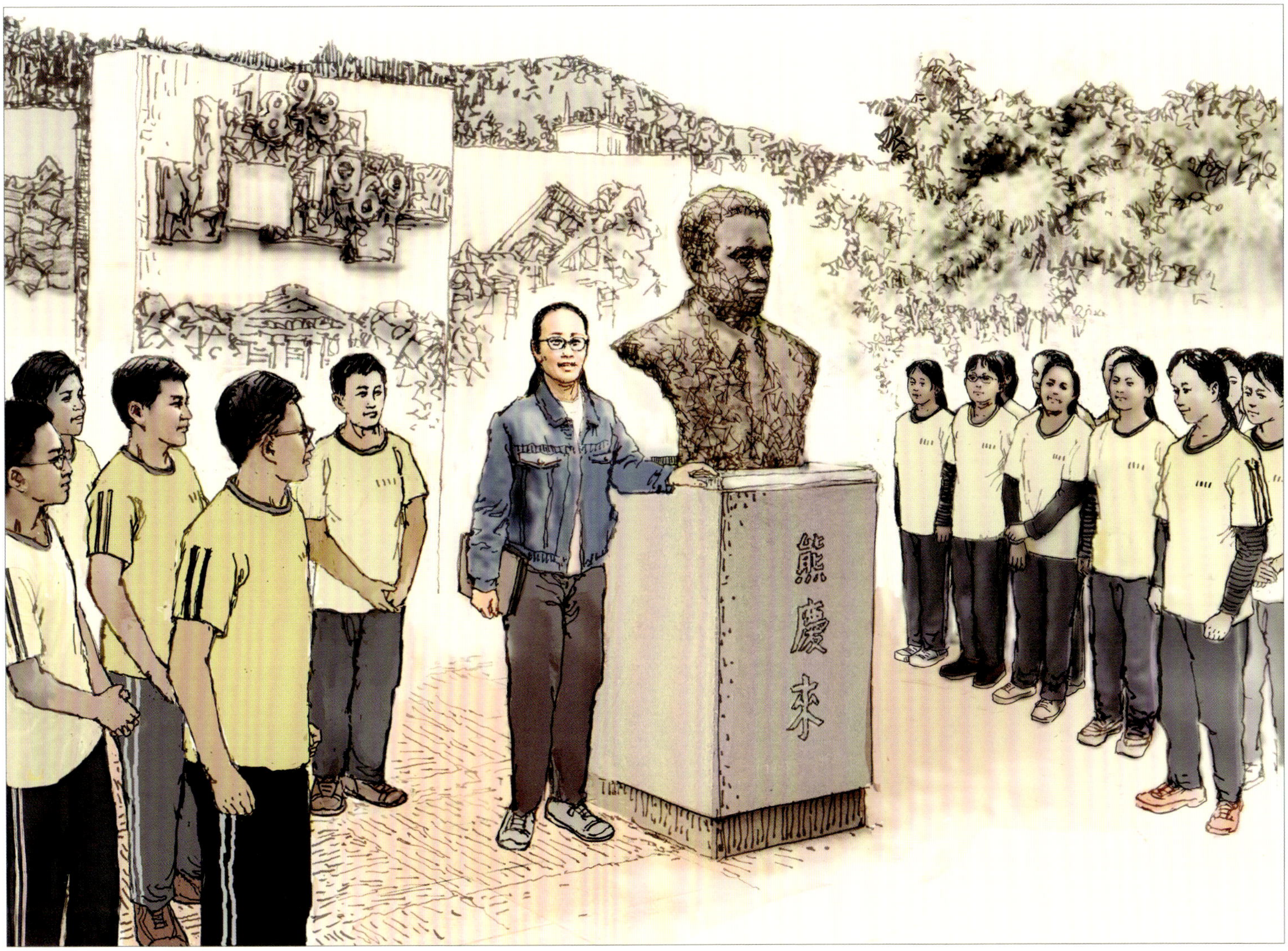
熊慶來

回顾近一百年来的中国历史，我们看到熊庆来那一代知识分子为祖国的繁荣富强曾经走过了怎样崎岖曲折的道路。新中国成立后，在中国共产党的领导下，"两弹一星"的成就凝聚着为祖国的繁荣富强而做出贡献的那一代知识分子的功绩。改革开放40多年来，在新老几代科技工作者的共同努力下，我国在国民经济、国防、航天领域取得举世瞩目的成就，特别是2020年6月组成的北斗卫星网标志着我国在近代科技领域正逐步进入世界前列。

En regardant les cent dernières années de l'histoire de la Chine, nous pouvons voir les difficultés sans précédent auxquelles les intellectuels de la génération de Hsiung Ching-lai ont confronté. Les réalisations de deux bombes nucléaires et le vaisseau spatial représentent le résultat de leur effort malgré les difficultés. Au cours des 40 dernières années, grâce aux différentes réformes et à l'ouverture, la Chine continue à réaliser de grands progrès dans différents domaines. En juin 2020, le réseau satellitaire Beidou marque l'avancée significative de la Chine dans le domaine de la science et de la technologie modernes.

Looking back over the past hundred years of Chinese history, we can see the unprecedented difficulties that intellectuals of Hsiung Ching-lai's generation faced. The achievements of two nuclear bombs and the spacecraft represent the result of their effort despite the difficulties. Over the past 40 years, through various reforms and opening up, China continues to make great progress in various fields. In June 2020, the Beidou satellite network marks China's significant breakthrough in modern science and technology.

243

熊庆来和他们那一代为中国的富强艰苦奋斗的知识分子已经远去。但是，希望看到这本书的读者能了解他们那一代知识分子为祖国的繁荣富强曾经走过了怎样崎岖曲折的道路；为取得抗日战争的胜利，全国军民团结一致，用鲜血和生命书写了中华民族抵御外敌入侵历史上极为悲壮和辉煌的一页，并且总结历史经验，不忘血的教训。我们坚信，振兴中华的步伐快如高速飞奔的列车，没有任何力量能够阻挡中国人民迈向更加光辉灿烂的未来。

L'histoire de Hsiung Ching-lai et de leur génération prend fin ainsi. Cependant, j'espère que les lecteurs de ce livre pourront se rendre compte des chemins parcourus par cette génération pour contribuer à la prospérité du pays, de toutes ces vies qui ont péri pour lutter contre l'invasion du Japon et résumez l'expérience historique et n'oubliez pas les leçons du sang... Malgré les incertitudes du climat international de nos jours, espérons que les leçons du passé nous aideront à avancer vers un avenir plus brillant.

The story of Hsiung Ching-lai and his generation ends like this. However, I hope that the readers of this book will be able to appreciate the paths traveled by this generation to contribute to the prosperity of the country, of all those lives that perished to fight against the invasion of Japan ... Despite the uncertainties of the international climate today, let's hope the lessons of the past will help us move forward into a brighter future.

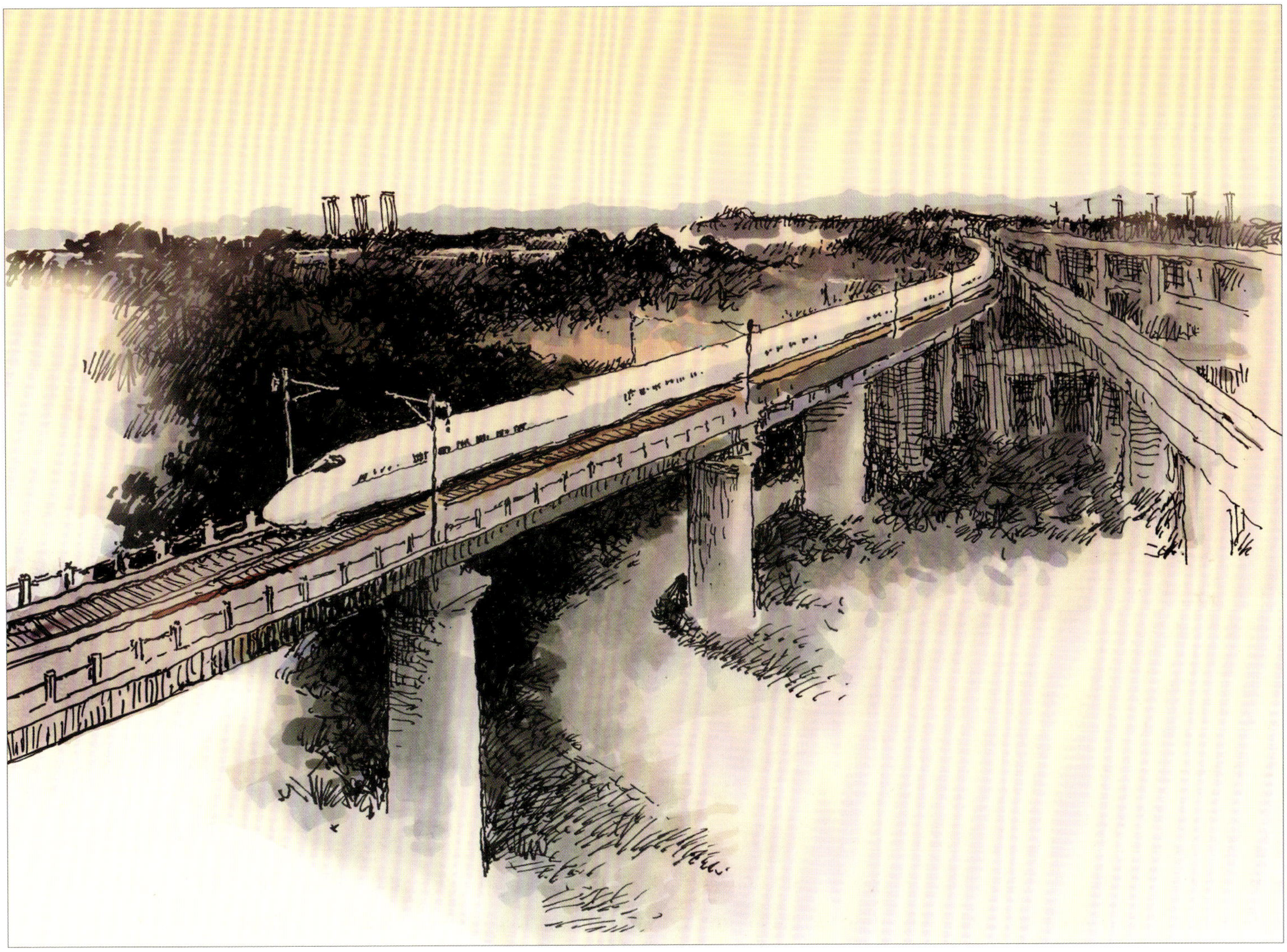

后 记

李俊昌

我和熊庆来之子熊秉衡教授均是云南大学物理系的毕业生，我们相识30余年。20世纪80年代，我和熊秉衡教授分别是昆明工学院、云南工学院激光研究所的所长。熊秉衡教授主要从事全息图像拍摄及全息干涉计量研究。在20世纪80年代初期，他所领导的研究团队在大景深全息拍摄研究领域取得过国际领先的成果。诺贝尔奖获得者杨

杨振宁（中）在云工激光所参观熊秉衡教授（左二）团队拍摄的全息照片

振宁曾到云南工学院激光所参观熊秉衡教授拍摄的全息照片。

1999年，昆明理工大学及云南工学院两校合并为昆明理工大学后，熊秉衡先生为学校激光研究所名誉所长，我任所长。多年的科研合作与交往，我们结下深厚的友谊。在信息光学研究领域，我们除了合作发表研究成果外，还共同出版过两部专著及一部教材。其中，《全息干涉计量——原理和方法》一书由我国光学界泰斗、为"两弹一星"做出杰出贡献的科学家王大珩先生作序。序言中写道："本书作者长期从事激光全息的研究工作，他和合作者们，在实时全息、全息肖像、大景深全息、模压全息、散斑、全息元件等方面，有多项较高水平的研究成果。突出的实例如大景深技术，采用25cm相干长度的激光器拍摄成功8.2m景深、4.5m尺寸的场景，创下菲涅耳全息的国内外最好成果，在1986年7月举行的国际全息应用会议上介绍中国光学进展的报告，提到了这项研究成果。"

20世纪90年代作者李俊昌（右一）在昆工激光所指导法国留学生

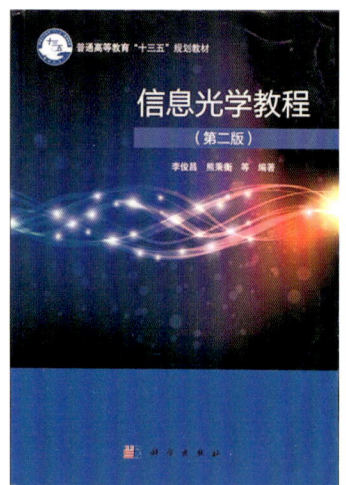

作者李俊昌与熊秉衡教授在科学出版社出版的专著(2009年)与教材(2017年)

昆明工学院激光所当时主要从事激光传输及激光热处理应用研究，1984年我赴法国学习期间取得的强激光均匀变换研究成果曾被法国相关部门采用，与法国四所大学建立了科研合作关系。除与法方联合培养博士生外，我还在昆明工学院接待巴黎高等工业大学留学生。

2017年，我和熊秉衡先生等人编著，并由科学出版社出版了《信息光学教程》（第二版）。该教材适应信息数字化时代的需要，不但将光学研究中的难题——衍射的数值计算列为专门的章节进行详细介绍，而且对两部近代光学的世界名著——诺贝尔奖获得者玻恩及沃耳夫（M. Born, E. Wolf）的《光学原理》及美国工程院院士顾德门（Joseph W. Goodman）的《傅里叶光学导论》中介绍的相干光成像的理论进行了补充和完善，改写了50多年来国内外一成不变的相干光成像的近似计算理论。2020年8月，应国防科技大学邀请，我在该校组织的暑期学校对来自国内外90多所院校的师生及科技工作者以"相干光成像计算

作者李俊昌于2021年在中国光学学会全息与光信息处理专业委员会年会上应邀做报告

及应用研究"为题对该理论成果进行了线上讲座。2021年8月，我应邀在兰州大学举行的中国光学学会全息与光信息处理专业委员会年会上报道该理论成果的研究及其应用。在2021年国家自然科学基金的支持下，基于该理论成果的深入研究正继续进行。

现在，《信息光学教程》（第二版）是科学出版社普通高等教育"十三五"规划教材，被国内清华大学等10多所知名大学作为本科及研究生的教材或主要参考书。能够在信息光学应用基础理论领域取得这些成果，我深深地感谢云南大学物理系曾经给予的出色教育。

熊秉衡先生离休后主要居住在法国巴黎女儿处。最近30多年，由于与法国四所大学合作科研及指导博士生的关系，每当我赴法时，均抽空到巴黎看望熊秉衡先生。

2015年，当我们得到熊秉衡与其弟熊秉群合著的《父亲熊庆来》赠书后，深为熊庆来为中国教育及科学发展所做出的贡献，特别是为

2007年赴法合作科研时作者李俊昌（左一）和夫人李天婴（左二）在巴黎与熊秉衡夫妇（右一、右二）留影

抗日战争时期担任云南大学校长时呕心沥血的努力所感动。

熊庆来担任云南大学校长的12年中，为新中国成立后云南大学的发展奠定了坚实的基础。正如《父亲熊庆来》一书中所述："……在抗战8年中，父亲（熊庆来）怀着科学救国的信念，满腔报效桑梓之情，聚集了一批志同道合的学者。在战争烽火中携手奋斗，筚路蓝缕，含辛茹苦，把云大建设成一座国内外知名的综合性大学。"战争的蹂躏，工作的繁重，生活的煎熬，熊庆来都一一坚持了下来，他把自己生命中最壮丽的时期献给了云大，将一所名不见经传的地方大学建设成国内一流、国际有影响的大学。《不列颠百科全书》在20世纪40年代将云南大学列为中国15所世界著名大学之一。许多人都把云大在战火中迅速崛起视为奇迹，云南大学出版社2006年出版的《感悟云大文化》一书中，时任云大党委书记的刘绍怀说："熊校长非凡的学术影响、人格魅力和治校能力为云大创造辉煌提供了先决条件……总之，一位卓越的校长带领一群优秀的师生创造了一个奇迹，这个奇迹使云南大学登上了当时众多大学难以企及的巅峰。"据新中国成立初期在云南大学任教的老教师说，1953年，新中国成立后的中国高教部对全国高校物理系科目"四大力学"进行过一次全国统考，云南大学名列榜首。高教部部长杨秀峰亲率北大、清华等十大名校的领导到云大召开学习观摩大会。会后，高教部决定拨款建盖一座教学实验综合大楼——物理馆（理科三馆）以示表彰。1955年建成的这座大楼成为云大除会泽院和至公堂外的另一标志性建筑。

新中国成立初期，云大物理系的声誉在全国名列前茅，我和我爱人李天婴均是20世纪60年代云大物理系学生。由于历史原因，今天的许多人尤其是年轻人却完全不知道熊庆来这位科学伟人，所以我们决定采用组画形式的连环画来宣扬熊庆来的一生。

当熊秉衡及熊秉群先生知道我们的这个决定后，对我们给予了热情的支持。在绘画过程中，不时得到他们提供的珍贵照片及资料，为忠实于历史，他们对于我们编写的脚本文字及画面均提出中肯的修改意见。

2016年7月参观熊庆来故居后作者李俊昌（左一）与熊秉衡先生（右一）在会泽院前留影

2016年7月在熊庆来故居前作者李俊昌（右一）与熊秉衡先生（左一）合影

2016年7月在熊庆来故居内作者李俊昌（左一）与熊秉衡先生（右一）留影

2018年8月熊秉衡教授（正中）与其弟熊秉群教授（左二）及熊庆来孙女熊有瑾（左一）来到作者李俊昌（右一）和李天婴（右二）家了解绘画进度后的留影

2018年8月熊秉衡教授（右三）、熊秉群教授（左三）、熊庆来孙女熊有瑾（左一）及孙女婿陈力勤（右一）在李俊昌（右二）和李天婴（左二）家的书画室留影。

2018年10月在西南林业大学参加熊庆来及徐永椿等塑像揭幕式时作者李俊昌（正中）与熊庆来在昆的两孙女及两孙女婿的合影

2016年7月熊秉衡先生由巴黎回昆明时，特地和我一起回到云南大学参观熊庆来故居，并向我介绍当年他们家在云大时的许多生活细节。

由于历史原因，我大学毕业后于1968年到1970年在部队农场大学生连接受解放军再教育，此后被分配到工厂当工人，继续接受工人阶级的再教育。在工厂工作的八年中，由于不能从事与物理专业相关的工作，我业余学习绘画，在云南人民出版社出版了《蔡文姬》等三部连环画，算是没有虚度年华。改革开放后，1980年我被调入昆明工学院（昆明理工大学的前身），1984年赶上出国学习的末班车，幸运地被学校派往法国进修激光技术。1985年回国后，由于在国外学习期间取得研究成果，我从此便不间断地承担了国家及云南省自然科学研究基金项目，并与法国三所大学保持着联合培养博士生的科研合作。教学及科研工作繁重，我不得不停止绘画创作。2018年10月，当与法方联合培养的信息光学博士生学位答辩完成后，我才开始有较多时间从事绘画。但重新掌握已经荒废 30 多年的绘画技能并非易事，从这套画册的资料准备开始到绘画的全部完成，历时近八年。

我爱人李天婴也是 20 世纪 60 年代云南大学物理系学生，但从小便喜好历史及文学。大学毕业后分配到工厂当工人，改革开放后从工厂调入学校从事计算机教学工作，业余时间延续着她的爱好。基于《父亲熊庆来》一书提供的线索及反复查阅文史资料，她编写的连环画脚本不但为完成这部组画式的作品奠定了基础，而且作为画面的第一观者，对我的绘画也时常提出中肯的意见，让我能够通过画面较客观地反映历史，全身心地投入创作。

由于绘画涉及抗日战争期间滇缅公路的建设、南侨机工以及飞虎队参战等历史，滇缅公路又是中国远征军两次入缅与盟军共同作战的通道，在这条道路上留下了中国军民浴血奋战、收复被日寇占领的滇西国土，并取得缅甸战役全面胜利的历史，为能通过画面客观地反映这段历史，我们认真参照了中共云南省委宣传部 2013 年编写的《滇西抗战》一书中的图片及文字资料，并据此进行文字整理及画面的设计。2019 年是滇缅公路通车及南侨机工回国支援抗战 80 周年。当在昆明的部分南侨机工的后代知道画册中含有滇缅公路及南侨机工回国支援抗战的内容后，热情邀请我和夫人参观了在昆明市博物馆举办的"滇缅公路通车及南侨机工回国支援抗战 80 周年"展览，并为我们提供了珍贵的史料。

熊庆来先生出生于弥勒，为记住熊庆来先生为祖国教育及科技发展做出的贡献，弥勒市成立了用熊庆来先生的名字命名的"庆来学校"。当弥勒市政府通过熊庆来孙女熊有雯知道我们正在创作这套连环画时，给予了热情鼓励与支持。2019 年 10 月，作者应弥勒市邀请，与熊庆来孙女熊有雯女士到弥勒，赠送给弥勒市该画册的前 60 页打印本。

弥勒市文化旅游局张宇局长特地陪同熊有雯及作者参观庆来学校及修葺一新的熊庆来故居。待画册出版后，文化旅游局计划把画册放

2019年10月赠送给弥勒市该画册的前60页打印本（左二为弥勒市田红梅副市长，左三为熊有雯女士）

2019年10月23日参观弥勒"庆来学校"（左一为弥勒市文化旅游局长张宇，右三为熊有雯女士）

在熊庆来故居及相关文化旅游场所，并准备将部分画面在熊庆来故居长期展出。

熊庆来任云南大学校长期间，为学校引进了大批科教英才，他们为云南大学及我国科技的发展做出杰出贡献。例如，新中国成立后院

在西南林业大学徐永椿先生塑像揭幕式时与徐永椿之子明远、声远、光远家眷、雕塑家及学校领导的合影

系调整后曾任云南林业学院（现西南林业大学）院长、为《中国农业百科全书》《中国树木志》等专著的编撰做出重要贡献的著名的林学教育家徐永椿先生就是应熊庆来的感召回归云大的。2018年10月，为让后代记住对我国科教发展做出贡献的老一辈科学家，西南林业大学特地为熊庆来先生及徐永椿教授等树立了塑像。徐永椿的三个儿子中两个儿子及其儿媳均是20世纪60年代云南大学物理系的学生，我们是同学及挚友，徐永椿教授的大儿子徐明远的夫人林华芳还是我同年级同学。当他们知道我正在进行《熊庆来画传》的连环画创作时，给予了热情的鼓励和支持。

在整个绘画过程中，我还得到许多云南大学老同学及老朋友的支持，特别是我所在的云大物理系1967届的老同学。1962年考入云大物理系的都是成绩十分优秀的学生，在云大期间的刻苦学习，以及共同经历了1966年开始的"文化大革命"，让当年的"物四"形成一个十分有凝聚力的特殊群体。现在大家均年逾古稀，但对云南大学都有着深厚的感情，并且都知道老校长熊庆来对云大的发展做出的贡献。因此，

2020年9月25日校档案馆组织申报项目讨论会后合影（左起：李怀宇、李俊昌、林超民、刘兴育）

当知道我准备进行这套画册的创作时，均以不同方式给予热情支持，在此深表感谢。谨望出版后的作品不辜负"物四"老同学及朋友们的期望。

2023年将迎来云南大学建校100周年，我和夫人李天婴作为20世纪60年代云南大学的学生，期望本画册的出版能为母校百年校庆的庆典做出贡献。当云大前副校长林超民教授知道我们的这个愿望后，特地向学校领导积极反映。2019年6月28日及2020年9月25日，云南大学档案馆馆长、党史校史研究室主任李怀宇组织原党史校史研究室副主任刘兴育和我们一起进行了讨论，共同商议了向学校申报母校百年校庆出版书目的相关事宜，并且请林超民教授为本画册作序。

为适应文化交流的国际化，连环画册脚本文字最后由我们的女儿李焱翻译成法文、英文，考虑画册篇幅有限，在翻译时亦省略了部分内容。我们期望通过努力，最终完成的是一部客观描述历史，适合国内外不同年龄段读者阅读及具有一定收藏价值的美术作品。

现在，让我们高兴和荣幸的是，该画册的出版被列入云南大学百年校庆的出版书籍目录。谨期望这部凝聚着云南大学莘莘学子对学校的感恩之情的组画式连环画册，能让年青一代了解并铭记熊庆来校长为云南大学的发展所做出的贡献，同时也为母校的百年校庆增添一分光彩。

2022 年 9 月 10 日